徐庆群

著

外国专家的中国情缘

电子工业出版社
Publishing House of Electronics Industry
北京·BEIJING

图书在版编目（CIP）数据

外国专家的中国情缘 / 徐庆群著. —北京：电子工业出版社, 2023.10

ISBN 978-7-121-46372-3

Ⅰ.①外… Ⅱ.①徐… Ⅲ.①纪实文学－作品集－中国－当代 Ⅳ.①I25

中国国家版本馆CIP数据核字(2023)第183443号

出版统筹：刘声峰
责任编辑：宋　娟
印　　刷：北京利丰雅高长城印刷有限公司
装　　订：北京利丰雅高长城印刷有限公司
出版发行：电子工业出版社
　　　　　北京市海淀区万寿路173信箱　　邮编：100036
开　　本：720×1000　1/16　印张：19　字数：275千字
版　　次：2023年10月第1版
印　　次：2023年12月第2次印刷
定　　价：98.00元

凡所购买电子工业出版社图书有缺损问题，请向购买书店调换。若书店售缺，请与本社发行部联系，联系及邮购电话：（010）88254888，88258888。

质量投诉请发邮件至zlts@phei.com.cn，盗版侵权举报请发邮件至dbqq@phei.com.cn。

本书咨询联系方式：（010）88254161～88254167转1897。

加强人才国际交流，用好用活各类人才。深化人才发展体制机制改革，真心爱才、悉心育才、倾心引才、精心用才，求贤若渴，不拘一格，把各方面优秀人才集聚到党和人民事业中来。

　　（摘自中国共产党第二十次全国代表大会报告）

序

讲好中外友好使者的生动故事

文 / 郭卫民

在我们国家许多领域，尤其是在科技、教育、文化、医疗卫生、新闻出版等部门有一批外国人，他们有很强的专业技术，帮助我们一起搞建设、推动发展，他们就是在华外国专家。这些外国专家远离他们的家乡，不少人携家带眷来到中国，怀着对中国的热爱和对中国人民的友好感情，在这里工作、生活，努力奉献着他们的才智，付出他们辛勤的汗水，为中国的建设和发展做出了重要贡献。他们的故事，是新时代中国故事的重要内容。

外国专家受到了中国人民的热情欢迎，党和政府对他们十分重视，对他们的工作和生活尽可能提供各种支持、帮助。党的十八大以来，习近平总书记先后在北京、上海、莫斯科与外国专家代表座谈并发表重要讲话。习近平总书记出访时，经常会讲述该国在华专家的中国故事，充分肯定外国专家在人民友好、文化融通等方面做出的重要贡献，以及在我国现代化建设中承担的重要角色。

外国专家是中国发展的参与者，早在中国革命战争年代，白求恩（Henry Norman Bethune）、埃德加·斯诺（Edgar Snow）、柯棣华（Dwarkanath S. Kotnis）等国际友人为中国革命和民族解放事业做出了重要贡献；新中国成立后，苏联、东欧等大批外国专家投身中国建设事业；改革开放后，越来越多的外国专家来到中国，参与中国经济社会建设，提出见解、意见和建议，为中国的现代化建设贡献智慧。外国专家是中国故事的讲述者，他们通过自己的所见所闻和亲身经历，向世界传递中国声音，传播中华文化，让世界对中国多一些理解和支持。如被誉为"当代斯诺"的美国小哥聂子瑞（Erik Nilsson）、"不见外"教授潘维廉（William N.Brown）、"拉丁熊猫"博主塞尔希奥等，都在用自己在中国的亲身经历讲述着中国新时代的故事。外国专家是中外友谊的传承者，在他们的影响下，更多人铭记历史，传播友谊种子，在促进中外交流合作方面发挥着重要的桥梁和纽带作用，共同传承中外人民的深厚情谊。如"南京好人"《拉贝日记》作者约翰·拉贝（John Rabe）的孙子托马斯·拉贝（Thomas Rabe）、国家友谊勋章获得者伊莎白·柯鲁克（Isabel Crook）的儿子柯马凯（Michael Crook）等，将对中国的热爱刻在基因里，并将这份爱和友谊继续传承下去。

徐庆群是《国际人才交流》杂志总编辑，她是一位媒体人，有着对国家发展和社会各种事务的敏锐性；她又是一位作家，能够用精湛的笔墨描绘出她的观察、发现和思考。庆群用5年时间采访并写下这些文字，形成了这部新作——《外国专家的中国情缘》。这部对在华工作的高端外国专家的采访集，讲述了来自美国、英国、德国、日本、俄罗斯、澳大利亚、埃及、叙利亚、马来西亚、罗马尼亚 10 个国家的 16 位外国专家的故事。他们分布在人工智能、新材料、环保、工程、教育、文化、医疗、新闻媒体等领域，来自大学、企业、国际组织、媒体机构等。他们大多长期在华工作，有的长达三四十年，如英国专家柯马凯，一家六代都生活在中国；有的是短期访问，如诺贝尔奖得主康斯坦丁·诺沃肖洛夫（Konstantin Novoselov）；有的是华人专家，如比尔及梅琳达·盖茨基金会北京代表处首席代表郑志杰。他们大多来自发达国家，但是已经在中国有了稳定的事业和生活。他们把自己的才智献给了伟大的中国，也献给了崇高的世界和平与发展事业。他们怎样认识中国、为什么喜爱中国，为什么来到中国创新创业，他们取得了哪些成就、拥有什么样的非凡人生，对中国和世界的发展如何评价？在这部作品中，我们一定能体会到拥有知识和智慧并对人类社会发展做出重要贡献的科学家、企业家、教育家、艺术家等眼中的中国魅力、世界精彩和未来预见。这些故事充满诚意、令人感动，据了解，一些外国专家看到其中的文章后表示"非常触动人心""特别感动""快要流泪了"。我想，作者的写作也表现出她对所从事工作的热爱和对推动中外友好合作的责任心。

党的二十大擘画了全面建设社会主义现代化国家、以中国式现代化全面推进中华民族伟大复兴的宏伟蓝图，对增强中华文明传播力影响力、讲好中国故事、推动中华文化更好走向世界做出明确部署。

在中国未来现代化建设过程中，我们欢迎并且一定会有更多外国专家来到中国，参与新时代的建设，并在促进中外交流中发挥日益重要的桥梁和纽带作用，他们将是中国建设发展进程中可以依靠的特殊力量，同时在文化交流和传播中发挥独特作用。我们要生动讲好外国专家在华工作生活的故事，鼓励和支持更多外国专家来华工作或从事研究，促进中外友好交流合作；要借助他们的所思所想、所言所行，帮助国际社会更好地了解中国、读懂中国，更好地塑造和展示可信、可爱、可敬的中国形象。

外国专家的故事是中国故事的一部分，是新时代中国的一部分。期待庆群笔耕不辍、再接再厉，用生花妙笔、真情实意讲述更多外国专家的故事，让更多国际人士来到中国、了解中国、爱上中国。

2023 年 3 月

郭卫民：中国公共关系协会会长、国务院新闻办公室原副主任、
　　　　全国政协第十三届大会新闻发言人

目录

讲好中国故事、传播好中国声音，向世界展现可信、可爱、可敬的中国形象，是我们的重要使命。外国专家的故事是中国故事的一部分。他们作为民间友好的使者，也是讲好中国故事的一支重要力量。这就是我写下他们的故事并告诉大家的原因。

——徐庆群

托马斯·拉贝（Thomas Rabe，德国）：德国海德堡大学教授，妇产科专家，《拉贝日记》作者、"南京好人"约翰·拉贝的孙子，2018年度中国政府友谊奖获得者。

托马斯·拉贝

1

对生命有大爱，对和平有追求

"德国人说，山和山不相遇，人和人要相逢。中国人民同德国人民有着悠久交往历史和深厚友谊。此时此刻，我不由得想起了一位中国人民爱戴的德国友人，他就是拉贝。"

这是 2014 年 3 月 28 日习近平主席在德国科尔伯基金会演讲中的深情讲述。

那个"正派的汉堡商人"

1932—1938 年，南京市广州路小粉桥 1 号是德国西门子公司驻南京代表处代表约翰·拉贝先生的住宅。

1937 年 12 月 13 日，侵华日军占领南京，开始了惨绝人寰的大屠杀。

约翰·拉贝作为南京安全区国际委员会主席，与他领导的南京安全区国际委员会成员，在中华民族的危急时刻，置个人安危于不顾，尽其全力照顾、保护、拯救处于日军暴行恐怖下的中国军民，25 个南京安全区帮助了约 25 万难民避难。拉贝先生目睹日军暴行，写下了著名的《拉贝日记》，揭露战争罪行，呼吁世界和平，体现了伟大的人道主义精神和无私的人类之爱。

约翰·拉贝

"昨天（9月20日）通过德国大使馆传来上海日军司令官的消息，从今天（9月21日）中午起，将再次开始加强对南京的轰炸，因而告诫所有的外国人尽快离开南京……德国的大使及其使馆全体人员今天上午9时做好了出发去上海的准备。许多美国人和德国人（例如施罗德博士、希尔施贝格大夫家的女士们和哈普罗公司的部分职员）据说同样记住了日本人的告诫，逃走了。

"昨天夜里，我自己对这情况从各个方面做了充分的考虑……我绝对不想为了任何东西（洋行的或是我自己的一些破东西）轻率地去拿我的生命冒险。但是，这里还有一个道德问题，我作为一个'正派的汉堡商人'

至今还无法跳越过去。我们的中国佣人和职员连同他们的家属约有 30 人，他们都在看着'主人'。如果他留下来，那他们就忠实地站在他们的岗位上直到最后一刻（这情况我以前在中国北方的战争中见到过）；如果他跑了，那洋行和私人的房子不仅会无人居住，而且有可能被人抢劫一空。撇开最后一点不说（尽管这会使人感到难受），迄今我还无法做出辜负人们对我寄予信任的决定（像我这样一个在平时毫不起眼的无用人，人们还如此信任，这怎能不令人感动）……谁要是两只手各抓住一个身子颤抖的中国孩子，空袭时在防空洞里蹲上几个小时，他就会与我抱有同感。"

这段文字记录了南京沦陷前的局势：日军不断加强对南京的轰炸，驻南京的外国使馆、机构的人员纷纷逃离，拉贝作为一名"正派的汉堡商人"应该何去何从？他没有掩饰自己的胆怯、犹豫，也毫不客气地"亮剑"——德国国家社会主义工人党。

最终，这个"正派的汉堡商人"留下来了，南京市广州路小粉桥 1 号成为难民收容所，保护了 600 多名中国平民免遭日军杀害。

1938 年 4 月，约翰·拉贝回到德国以后连续举行报告会，向德国当局呈送书面报告，继续揭露日军在南京的罪恶。在受到盖世太保的讯问和警告之后，他仍然暗暗地整理自己的日记和有关资料，将这些历史记录留给后人。

在写日记的同时，约翰·拉贝还精心保存了 80 多张现场拍摄的照片，并对这些照片做了翔实的说明。《拉贝日记》是近年发现的研究南京大屠杀事件中数量最多、保存最为完整的史料，是对侵华日军制造的这一惨绝人寰的大屠杀的血泪控诉，是对日本军国主义者犯下的严重罪行的有力证词。

拉贝全家

引智让这里成为世界领先中国首例

北京市朝阳区姚家园路 251 号，坐落着一所知名的医院——首都医科大学附属北京妇产医院。它创建于 1959 年，是新中国成立后的第一家妇产专科医院，首任院长是中国妇产科学的奠基人林巧稚。

经过 60 多年的发展，北京妇产医院获得世界卫生组织（WHO）和国家的各方面认可，先后被 WHO 确定为围产保健和研究培训合作中心（后更名为母婴和妇女保健研究及培训合作中心）、首批符合国际标准的爱婴医院之一，并成为首都医科大学妇产科学博士研究生培养点、国家级专业住院医师培训基地、卫生部（国家卫健委前身之一）妇科内镜诊疗技术培训基地等。截至 2023 年 6 月，医院有职工 1780 余人，年门诊、急诊量达 120 多万人次、住院患者 34 000 多人次、出生新生儿 14 000 余名。

相关数据显示，中国更年期女性人数超过 2.38 亿，平均绝经年龄为 49.5 岁，这意味着 1/3 的生命将在绝经后度过。绝经相关症状和绝经引发的疾病会对生命健康及生活质量造成严重影响，但中国仍普遍缺乏对更年期女性健康的规范化、系统化评估与管理，以及疑难问题的分析处理。"作为妇产专科医院，北京妇产医院在 2002 年 4 月建立了全国首个妇科内分泌专科。妇科内分泌疾病患者占妇科疾病患者的 40%~60%，随着人们对妇科内分泌疾病的认识，患者人数逐年呈指数增加，2003 年的门诊量只有 4513 例，目前年门诊量近 10 万例。"北京妇产医院内分泌科主任阮祥燕教授介绍说。

如何促进中国妇科与生殖内分泌相关疾病的规范化诊治，大力推广妇科与生殖内分泌新技术在全国范围内应用？扩大国际交流，开拓相关研究，促进这一领域更加快速发展，为中国女性提供世界前沿的医疗服务，是妇科与生殖内分泌研究的使命。

2010 年，阮祥燕教授在德国访问交流期间，偶然发现了德国为癌症患者进行的临床常规生育力保护技术——卵巢组织冻存移植术。精子和卵子的冻存对于正在接受特殊治疗的年轻肿瘤患者来说是十分重要的，这些特殊的治疗（手术、化疗、放疗）会破坏患者的生殖细胞，但是癌症存活者可以通过自己的生殖细胞怀孕。在干细胞研究和器官移植培养方面，冻存实验室技术的相关知识将越来越重要。可是，这项造福千秋万代的技术，在重视传宗接代的中国仍是空白。阮祥燕决心将此技术引进国内，但一切从零开始，谈何容易？

2011 年，在国家外国专家局、北京市相关引智项目及北京妇产医院的支持下，阮祥燕恳请在德国学习期间的导师阿尔弗雷德·奥托·缪克（Alfred Otto Mueck）教授帮助她在北京妇产医院建立卵巢组织冻存库。同年，北京妇产医院就引进了阮祥燕的导师——德国绝经学会主席，德国图宾根大学妇产医院内分泌、绝经、妇女健康中心主任阿尔弗雷德·奥托·缪克教授，担任北京妇产医院客座教授、内分泌科荣誉主任。

阮祥燕教授和 2015 年度中国政府友谊奖获得者缪克教授

在国家外国专家局、北京市外国专家局、北京妇产医院和中外专家的共同努力下，2012 年 4 月，北京妇产医院建立了中国首个卵巢组织冻存库。2015 年 1 月，生殖力保护项目在北京妇产医院启动，开始了临床首例患者的卵巢组织冻存，德国波恩大学妇产医院为北京妇产医院颁发了人卵巢组织冻存培训合格证书。2016 年 9 月，北京妇产医院完成中国首例冻存卵巢组织的移植。

北京妇产医院院长严松彪说："当宣布移植手术成功的那一刻，我们的年轻医生抱头痛哭，因为这是团队 6 年多不懈努力、无私奉献的结果，是中国里程碑式的大事件，填补了中国空白！"北京妇产医院自建立中国首个卵巢组织冻存库至采访时，已成功冻存了 200 余例人卵巢组织，并成功移植了 7 例，卵巢组织移植成活率 100%，超过了国际 95% 的成活率。2017 年 3 月，人卵巢组织冻存与移植的实验研究在第 17 届国际人类生殖大会上获得优秀奖。

国际妇科内分泌科医学会主席这样评价北京妇产医院内分泌科，它是"全世界最大的妇科内分泌专科"。"最大"指的是什么呢？阮祥燕教授说，一是门诊量大，每天都达到500多人次；二是支持力度大，各级组织和领导的支持为其发展壮大创造了条件；三是团队强大，有两位获得中国政府友谊奖的德国专家，科主任阮祥燕教授是国际妇科内分泌学会中国妇科内分泌学分会主席，并担任国际妇科内分泌学会执行委员会委员和国际绝经学会执行委员会委员，这都是填补中国空白的。

在引智战线工作一年多来，"聚天下英才而用之""更加积极、更加开放、更加有效""来得了、待得住、用得好、流得动"，还有"柔性引才""以才引才"等重要论述和理念常响在耳畔、念于心中。我也常想，我们做人才工作特别是国际人才交流工作，自己首先要成为某一方面的人才，才能吸引人才。阮祥燕教授是妇科内分泌科的国际级人才，她身后的组织和团队也为吸引人才搭建了好的平台。因此，缪克教授来了。

这些成果都得益于改革开放

"一个好的医生一定要多'走出去'学习交流，如果一个医生没人请，那是什么好医生呢？"北京妇产医院院长严松彪介绍，北京妇产医院始终重视国际人才交流与合作。

托马斯·拉贝教授正是阮祥燕教授在一次国际大会上由缪克教授引荐认识的。"缪克教授还告诉我拉贝教授的爷爷约翰·拉贝在中国的故事，回国后我看了电影《拉贝日记》，很感动。而托马斯·拉贝也是著名的妇科内分泌学专家，我就邀请他来参加我每年组织的更年期与妇科内分泌相关问题国际研讨会。"

2013 年，曾任德国妇产内分泌及生殖医学学会主席、德国妇产科学会委员，负责世界卫生组织合作中心（瑞士日内瓦）科学活动的德国海德堡大学妇产医院内分泌学和生殖科教授、顾问托马斯·拉贝加入北京妇产医院妇科内分泌国际专家团队，2014 年被聘为北京妇产医院客座教授。

一次来中国，一生系中国。很多外国专家往往都是这样的。几年来，缪克教授、拉贝教授与其他外国专家帮助北京妇产医院先后建立了绝经门诊项目中心、国际生育力保护中心、卵巢组织冻存库、国际跨学科子宫内膜异位症中心和门诊微型宫腔镜中心等。在每年阮祥燕教授团队举办的更年期与妇科内分泌相关问题国际研讨会上，缪克教授、拉贝教授都会帮助引进国际著名专家，搭建越来越高端的学科交流平台。

2016 年，缪克教授、拉贝教授和严松彪院长、阮祥燕主任创建了中德妇产科学会。几年来，学会在临床、教学、科研及人才培养方面都做出了巨大贡献。如赵越、张颖、谷牧青、蔡桂举、蒋子雯 5 名研究生获 2018 年第 18 届世界妇科内分泌大会全球百名优胜金奖，阮祥燕教授再次当选为 2018—2022 届国际妇科内镜学会年会（ISGE）

执行委员会委员。他们合著出版了《妇科内分泌热点聚焦》《生殖内分泌学临床实践》等多部著作。

为表彰在中国现代化建设中做出突出贡献的外国专家，1991年国家设立了中国政府友谊奖。2015年9月30日，阿尔弗雷德·奥托·缪克教授在人民大会堂获颁2015年度中国政府友谊奖。2018年9月29日，托马斯·拉贝教授在人民大会堂获颁2018年度中国政府友谊奖。

2018年是中国改革开放40周年，引进国外人才和智力工作发挥了举足轻重的作用。习近平总书记在同外国专家座谈时曾高度评价现代化建设中外国专家的历史贡献，他指出："中国改革开放事业所取得的巨大成就，外国专家们功不可没。"在庆祝改革开放40周年大会上，党中央、国务院向10名国际友人颁授中国改革友谊奖章。

"三年，我们拿了两个'友谊奖'，心情非常激动，感谢国家科技创新战略、引进国外人才和智力工作的好政策，感谢科学技术部（国家外国专家局）对北京妇产医院的支持。我们也非常感动，感动于这些外国专家及其团队的无私帮助，他们不是来出诊的，因为没有报酬，他们是来做志愿者的，是'当代白求恩'。"严松彪院长感慨地说。是的，正如阮祥燕教授所说："这些成果的取得，得益于改革开放以来的引智项目。"

采访托马斯·拉贝教授那天刚好是2018年国庆，对于北京妇产医院内分泌科来说也是一个好日子。北京妇产医院专门组织了一个隆重的仪式，即"庆祝 Thomas Rabe 教授获中国政府友谊奖及内分泌科新址剪彩"。

北京妇产医院为托马斯·拉贝教授举办庆祝仪式

　　"我们的门诊环境十分简陋，外国专家没有单独的诊室，医生、研究生和患者是挤在一个狭小的诊室里的。"北京妇产医院副院长阴赪宏教授介绍说，"近几年妇科内分泌团队在外国专家的帮助下实现了快速发展，并且取得了巨大成就，为进一步促进学科建设、改善就诊环境，内分泌科搬入了新址。"采访结束后，妇科内分泌科举行了新址剪彩仪式，北京妇产医院严松彪院长、阴赪宏副院长、阮祥燕教授、托马斯·拉贝教授共同为新址剪彩揭牌。瞬间，象征妇科内分泌科快速发展与成就的"卵巢组织冻存库"等15块牌匾呈现在大家的面前，和托马斯·拉贝教授从刘鹤副总理手里接过的奖章一样，闪耀着光芒、散发着温度。"没有缪克教授、拉贝教授，就没有这些牌匾，都是他们用'小鞭子'抽出来的。"阮祥燕笑中带着泪花。

我望见托马斯·拉贝教授露出天使般迷人的笑容，还有他那双像湖水一样湛蓝的眼睛，可以让病痛都缓和下来。

《拉贝日记》赋予他的人生新意义

1882 年，约翰·拉贝出生在德国汉堡。

1908 年，约翰·拉贝来到中国。不久，他作为德国西门子公司的雇员，在北京、天津、南京等地经商。

约翰·拉贝蜚声世界，不是因为他是一个"正派的汉堡商人"，而是因为他的《拉贝日记》发出的对生命大爱、对和平追求的呼喊。

采访之前，我准备了一份饱含着我无限敬意的采访提纲，阮祥燕教授看了采访提纲后，给我回复："我感觉采访提纲很有水平，也很人文。"

面对被称为"南京好人"的约翰·拉贝的孙子托马斯·拉贝教授，我无法不把现在与过去联系在一起。虽然我知道，托马斯·拉贝出生在 1951 年，而他的祖父约翰·拉贝在 1950 年去世。但是，我想他小时候一定从父亲那里得知很多祖父的故事，这些又对他的人生产生了重大影响，所以才有了今天的成就和他对中国的特殊感情。

约翰·拉贝夫妇与子女在北京

奥托·拉贝年少时在中国

的确，"我小时候就听说过中国。我的父亲奥托·拉贝（Otto Rabe）于1917年在北京出生，他教我中国文化，比如认识龙。家里有很多来自中国的纪念品，但是父亲从来没有谈起过战争。我想，他是让我们从小受到阳光、和平和温暖的教育。"托马斯·拉贝的这番话，很出乎我的意料。在中国人的教育理念中，通常会早早地就把祖辈的丰功伟绩作为教科书来激励孩子。

托马斯·拉贝的父亲奥托·拉贝在北京长到14岁，后回到德国读书，先后在慕尼黑大学、海德堡大学学习医学，后来成为妇产科专家，作为全科医生在德国乡镇加格瑙和奥滕瑙工作。父亲给托马斯·拉贝讲述自己的中国故事，这引起了他对中国的浓厚兴趣。"我一直想和父亲一起到中国看看我们家曾经住的地方，但是最初因为经济问题，后来因为父亲的健康问题，而没有实现。"

2001年，奥托·拉贝先生在弥留之际把《拉贝日记》交给了儿子，并且讲述了父亲约翰·拉贝在南京的故事。"我非常难过，我想到德国。我是医生，医生是救死扶伤的，而战争是摧毁生命的。"按照父亲的遗愿，托马斯·拉贝和母亲艾尔莎·拉贝（Else Rabe）在那年夏天第一次来到中国，并且去了很多城市。"我们特意去了南京，联系了负责保存拉贝故居的人。在接下来的时间，我给多个机构发送了公开信，希望他们可以支持保存和修复约翰·拉贝在南京的故居。我们很荣幸，因为南京大学、德国驻上海的相关机构、西门子及博世-西门子公司筹集资金修复了拉贝故居（即拉贝与国际安全区纪念馆）。"

托马斯·拉贝教授和幸存者见面　　　　在拉贝故居前合影

　　作为一名妇产科专家，在知道了祖父的故事以后，托马斯·拉贝教授人生的使命有了新的更深层的意义：不仅要治愈人的身体健康，还要主张世界和平。托马斯·拉贝与德国著名汉学家罗梅君（Mechthild Leutner）教授、埃尔文·魏克德（Erwin Wickert）博士及约翰·拉贝的孙女乌苏拉·赖因哈特（Ursula Reinhardt）合著了一本德语书，有关南京历史及约翰·拉贝起到的作用。北京联合大学海外中国学研究中心首席教授梁怡，正是因为得到托马斯·拉贝的帮助，组织编译出版了《我眼中的北京》，即《拉贝日记·北京卷》。

　　如今，托马斯·拉贝不仅在妇产科学、妇科内分泌学、生殖医学及计划生育等方面继续进行研究，更为重要的是他继承了祖父约翰·拉贝的和平愿望，致力于中德友谊和世界的和平事业。托马斯·拉贝教授于 2015 年 9 月 4 日受邀观看纪念中国人民抗日战争暨世界反法西斯战争胜利 70 周年大阅兵，2017 年 12 月 13 日参加南京大屠杀死难者国家公祭日。托马斯·拉贝教授两次受到习近平总书记接见，并且获得中国人民抗日战争胜利 70 周年纪念章。

今天，我们无论如何评价《拉贝日记》的意义都不为过。《拉贝日记》对世界和人类历史的贡献自不待言，"《拉贝日记》对现有的历史档案补充是非常重要的，是真实的记录，而且是一个世界第三方的记录"。我想，它对拉贝家族来说更有其独特的意义和价值，托马斯·拉贝不仅来到小时候在家中根据古董无数次遥想的中国，而且把他的事业带到了中国，为中国女性带来健康福音。

"2001 年，我第一次访问中国，并与中国多个大学的医疗中心（如南京、武汉、上海、北京）进行了交流。我对中国传统医药的力量和潜力印象深刻，包括中草药的应用及针灸、穴位按压、按摩等非手术疗法。这在西方大多国家是不为人知的。"托马斯·拉贝在海德堡大学妇产医院工作了 30 多年，在实验室研究和临床实践方面培训了无数来自世界各地的妇科内分泌和生殖医学的医生；在全世界很多医院讲授妇科内分泌和生殖医学。在过去的 10 多年里，他还担任德国妇科内分泌和生殖医学学会主席，并且在与 WHO 合作的 5 年期间负责妇女健康领域的所有建议和指南。

拉贝也有自己的中国梦："我们想在中国建立一个'女性健康'领域的标准，我会凭借自己在这一领域的知识，同国际顶尖专家加强合作，与 WHO、国际绝经学会、国际妇产科联盟（FIGO）、英国皇家学院、美国肿瘤协会及'肿瘤和卵巢组织移植'特别工作组等国际组织建立密切联系，共同努力制定医学共识和指南，根据中国女性可能的不同肿瘤诱因（如雌性激素、基因、环境等）提出具体建议。同时，标准化医学知识将不同医学领域的数据库连接起来，提供可视化的教学材料。这需要得到各方面的支持。"

如今，坐落在南京市广州路小粉桥1号的拉贝故居几经修缮，越来越多的人前来瞻仰和缅怀。我们打开南京大学拉贝与国际安全区纪念馆网站，前言中这样写道：建立拉贝与国际安全区纪念馆和拉贝国际和平与冲突化解研究交流中心，一是纪念、缅怀拉贝先生及国际委员会成员，铭记他们伟大的人类之爱；二是让世人永记这段惨痛的历史和血的教训，让历史悲剧不再重演；三是倡导世界和平，在世界范围内弘扬人道主义精神、促进中国与世界各国人民之间的友好交流与合作。同时，该馆的建立对于激发人们的仁爱之心和奉献精神，呼唤人类和平，制止战争犯罪，都具有不可估量的意义。

托马斯·拉贝教授在祖父纪念雕像前

拉贝家族与中国的友谊
FAMILIE RABE UND CHINA: EINE
SCHICKSALSHAFTE FREUNDSCHAFT
ÜBER GENERATIONEN

主讲人
托马斯·拉贝 教授
PROF. THOMAS RABE

时间
2023/9/10 15:00-16:00

地点
北京外国语大学东院阿语楼国会厅
(报告会安排有同声传译)

主办单位：北京外国语大学德语学院　北京外国语大学德语研究中心　北京外国语大学德国研究中心

DER FRIEDEN
EVA RECHLIN

DIE ANGST VOR STREIT UND HASS UND KRIEG
LÄSST VIELE OFT NICHT RUHN.
DOCH WENN MAN FRIEDEN HABEN WILL,
MUSS MAN IHN SELBER TUN.
DER FRIEDEN WÄCHST, WIE ROSEN BLÜHN,
SO BUNT, SO SCHÖN UND STILL.
ER FÄNGT BEI UNS ZU HAUSE AN,
BEI JEDEM, DER IHN WILL.
VOM FRIEDEN REDEN, HILFT NICHT VIEL,
AUCH NICHT, DASS MAN MARSCHIERT.
ER KOMMT WIE LACHEN, DANK UND TRAUM,
SCHON WENN MAN IHN PROBIERT.
MAN BRAUCHT ZUM FRIEDEN LIEBE,
NATÜRLICH AUCH VERSTAND,
UND WO ES WAS ZU HEILEN GIBT,
JEDE HAND.

托马斯·拉贝夫妇出席北京外国语大学主办的演讲活动

　　是的，托马斯·拉贝教授"是一名医学博士，不是历史学家"，但是这并不影响他作为中国南京约翰·拉贝和平所顾问、人道主义基础及和平研究所主席所承担的使命。

　　"中国人民纪念拉贝，是因为他对生命有大爱、对和平有追求。"我想，习近平总书记的这句话不仅是对拉贝及其家族的赞誉，更是指出了拉贝精神的核心，那就是：对生命有大爱、对和平有追求。而这应该是每个人，不论是博士还是商人，都应该怀抱的世界观、人生观和价值观。因为，如果心中无大爱、世界不和平，一切都无从谈起。

康斯坦丁·诺沃肖洛夫
（Konstantin Novoselov,
俄罗斯）：著名物理学家，
英国曼彻斯特大学教授，
2010 年因在二维材料石墨烯
方面的开创性实验而获得诺
贝尔物理学奖。

2

康斯坦丁·诺沃肖洛夫

像石墨烯一样，温柔而坚强

如果有一天，我们可以把手机或照相机弯曲、折叠，再也不觉得那是放在口袋里硬邦邦的，或是挎在肩膀上让人负重前行的东西。

如果有一天，我们再也不用焦虑每天晚上要给新能源汽车充电以保证第二天上班的需要，从此摆脱没电了怎么办的尴尬。

康斯坦丁·诺沃肖洛夫

如果有一天，我们可以把电子设备穿戴在身上，药物不用从口入而是直接被运送到身体的伤病部位，生活在世界上欠发达地区的人可以喝到更洁净的水，我们的生命将得到更多保障，生活也会变得越来越舒适。

如果这一天，真的存在，那就是因为它的出现。

很薄很轻，很坚强

在神奇的自然界，有一种常见的元素，以多种形式广泛存在于大气和地壳之中。它很早就被人认识和利用，其系列化合物——有机物更是生命的根本。比如，它是生铁、熟铁和钢的成分之一，能参与化学反应形成多种化合物，在生物体内大多数分子也都含有这种元素。

这种元素就叫碳。

元素碳有一种同素异形体叫石墨，是一种最软的矿物，其最广泛的用途是制造铅笔芯和润滑剂。

说到石墨，我们可能又会想到现在特别流行的一种新材料——石墨烯。那么，石墨和石墨烯之间又是什么关系呢？

康斯坦丁教授参加外国专家座谈会

简单来说，石墨是由石墨烯一层层叠起来的，比如厚1毫米的石墨大约包含300万层石墨烯。

这种薄到让人难以想象和描述的材料，到底是怎么被发现的呢？

2004年，英国曼彻斯特大学的两位科学家安德烈·盖姆（Andre Geim）和康斯坦丁·诺沃肖洛夫发现，他们能用一种非常简单的方法得到越来越薄的石墨薄片。他们从高定向热解石墨中剥离出石墨片，然后将薄片的两面分别粘上一种特殊的胶带，撕开胶带就能把石墨片一分为二。不断地这样操作，于是薄片越来越薄，最后他们得到了仅由一层碳原子构成的薄片，这就是石墨烯。

2009 年，安德烈·盖姆与康斯坦丁·诺沃肖洛夫在单层和双层石墨烯体系中分别发现了整数量子霍尔效应及常温条件下的量子霍尔效应，他们因此获得了 2010 年度诺贝尔物理学奖。在发现石墨烯以前，大多数物理学家认为，热力学涨落不允许任何二维晶体在有限温度下存在。所以，他们的发现立即震惊了凝聚体物理学界。

石墨烯是目前发现的最薄、最硬、导电导热性能最强的一种新型纳米材料，被称为"黑金"。

一直尝试去做一些新的事情

2019 年 1 月，在旅英华人高新技术商业协会会长张其军博士的帮助下，我采访了石墨烯发现者之一、2010 年度诺贝尔物理学奖获得者康斯坦丁·诺沃肖洛夫。

康斯坦丁出生在俄罗斯乌拉尔山脉附近的一座小城，母亲至今仍在那里生活。他在莫斯科上的大学，考上研究生后转到荷兰，最后又随导师来到英国曼彻斯特大学。在朋友的眼中，他是一个"工作狂"，总是很晚离开实验室。我想，正是这种专注专一的精神和态度，使他的研究取得重大成果。

　　"是的，我有丰富的物理知识和纳米技术的知识。但即使你非常了解物理学，那也不能保证你就能有所创新突破。是什么导致了一个新创意的出现？这是一个很好的问题。但是我无法给出一个方法，告诉你怎样去获得创新的想法。我唯一知道的是，你需要努力工作，一直尝试去做一些新的事情，这样才能发现一些新的东西。"康斯坦丁说。

康斯坦丁全家与张其军博士全家合影

作为原国家外国专家局海外专家组织英国国际人才与创新发展服务中心的负责人，张其军博士多次组织包括康斯坦丁在内的外国专家参加国内的科技交流活动。通过张其军博士，我了解到，康斯坦丁的夫人也是科研工作者，他们是在实验室里萌生的爱情。夫人艾琳娜目前在曼彻斯特一家生物技术公司担任项目主管。他们有一对双胞胎女儿维多利亚和索菲亚。

康斯坦丁和艾琳娜作为科学伉俪，更加重视对孩子的教育，尤其是对科学精神的培养。他认为，给孩子提供一定程度的自由是很重要的。把孩子推向一个他们不想去的方向是完全适得其反的事情。因此，确定孩子想要接受教育的方向非常重要，然后让他们朝着这个方向工作和学习。选择哪一个并不重要，只要是成功的选择。

科学对于大众来说，是深奥的。但是，如果你真的喜欢并且投入进去，你也许就会产生和康斯坦丁一样的感受。"我认为科学本身就很令人兴奋。一旦你开始练习，尝试动手，它就会令人非常兴奋。用一些基本的技巧来解决问题并预测接下来会发生什么，这种能力也很有趣。所以，只要我们不只是驱使科学，只要我们展示这些知识在现实生活中的意义，我想任何孩子都会对科学感兴趣。"

希望支持科学和技术一样多

2019 年 1 月，张其军博士陪同康斯坦丁来到中国，参加科技部组织的外国专家座谈会。康斯坦丁不仅在座谈会上做了精彩发言，同时受到了李克强总理的亲切接见。他在发言中特别讲到材料在人类生产生活中的重要作用。他说，材料一直是技术的决定因素，我们甚至把人类历史的不同时期用当时的主流材料命名，比如石器时代、青铜时代、钢铁时代。

的确，新技术促进新材料产生，新材料推动新技术发展。材料改变了我们的生活，我们的生活越来越依赖新材料。康斯坦丁认为，未来会出现更多的设计材料或者说是按需生产的材料，我们可以把它们称作"智能材料"。这些智能材料可以为我们的制造带来更多的机会，智能材料也可以适应环境的变化，能够在环境允许的条件下带来最高、最理想的效用。他说："想象一下，如果一辆汽车的挡风玻璃能够从振动、照明甚至雨水当中吸取能量、自我加热，从而消除挡风玻璃上的水雾……"人类的生活将会多么高效和轻便。

在张其军博士的帮助下，康斯坦丁目前正在中国寻找合作方，因为他对中国先进材料的发展前景充满期待。他说，中国的制造业无论是规模还是复杂程度，都发展得非常迅速，而且有越来越多的先进技术在制造业中得到运用。先进技术和先进材料往往是同步发展的，中国也开发和运用了很多先进的材料。他认为，中国先进材料发展快速的原因，一方面是对大规模制造业的投入，另一方面是对创新企业的投入，但是需要进一步提升投入的效率。而且，中国

康斯坦丁全家在桂林游玩

很多材料的发展并不是内生的，中国的研究人员或者工程人员更多的是在跟跑，缺少原创性。很多投入都投在了研究机构或者公司，对大学的投入不够，导致很多科研人员不太愿意花时间和精力在基础性研究上。

"当然，我认为中国政府做得非常好。政府为创造新业务和新动能提供了很多激励措施，让他们不害怕创造新想法和尝试市场之外的新产品，并且政府在推广更多高科技产品方面非常努力，所以中国在科学研究方面取得了很大的进步。但是，如果像重视支持技术那样重视支持科学，那么科学研究将会更加成功。"

康斯坦丁和女儿维多利亚庆祝中国新年时作画

石墨烯会走多远

被称为"黑金"的石墨烯，是目前发现的最薄、最硬、导电导热性能最强的一种新型纳米材料，也是未来最有前景的先进材料之一。近年来，我国政府通过出台一系列的政策、相关标准等，支持石墨烯行业的发展。按照2015年发布的产业发展路线图，到2020年，中国石墨烯产业的目标是形成百亿元产业规模，2025年整体产业规模突破千亿元。

由于石墨烯具有极好的耐高温性、导电导热性、润滑性、化学稳定性、可塑性、抗热震性等特性，所以它广泛地被应用在我们的生产生活中。比如，目前已应用于透明导电电极、触控屏、太阳能电池、锂电池、超级电容器、导热薄膜、海水淡化、环境污染治理、医疗健康等领域。

　　对此，作为科学家的康斯坦丁对未来的期许比我们要更远、更深。他说："石墨烯有潜力在许多不同领域得到不同应用。我们通常并不单独讨论石墨烯，我们谈论的是二维家族，其中一种是原子材料，石墨烯也来自这一家族。我们把它们放在一起讨论，这就扩展了它们应用的范围甚至领域。"他认为，石墨烯研究和石墨烯行业非常有前景，石墨烯不仅得到了很好的利用，相关行业也发展得非常快。但是除了世界知名公司，有一些公司的产品质量还需要提升。所以，他期待并坚信，高科技公司做高质量产品的比例将来会增加。

　　汽车轻量化是节能减排的一个重要方向。研究表明，在不降低汽车刚性和碰撞性能的前提下，重量减轻 10%，油耗将相应减少 6%~8%。石墨烯聚合材料电池的成本将比锂电池的低 77%，重量也仅为传统电池的一半。同时，如果在摩擦副表面吸附上一层石墨烯保护膜，还能起到高效的防磨抗磨的作用。2018 年，华为发布了全球首款应用石墨烯薄膜散热的手机。可见，石墨烯被广泛应用于新能源、电子、航空航天、复合材料等多个领域，被誉为"颠覆 21 世纪的新材料"，甚至"很难预测它会被用在哪，因为这不仅取决于材料本身，而且取决于技术、取决于经济"，康斯坦丁表示。"石墨烯在许多领域得到了应用，这表明石墨烯的利用率在提高。但是，石墨烯会走多远？我不知道。但令人鼓舞的是，目前已经看到了它的应用。"康斯坦丁对石墨烯前景的态度，体现了作为科学家一贯的积极而严谨的精神。

在中国文化中，存在着一刚一柔两种文化现象。我以为，刚就是柔，柔就是刚。至刚则柔，至柔则刚。石墨烯，让我想到了中国文化中的刚柔哲学。你看它，厚度仅是人的头发丝的百万分之一，硬度却是钢的 200 倍。我惊叹，世间还有这样的物质，更重要的是我们发现了它，并且让它为人类社会发展所用。

我为这一切而快乐：

城市正被冲洗，

那些房顶昨日还蒙蔽尘埃，

今天却似光洁的丝绸般发亮，

闪烁白银的缕缕光芒。

这是俄罗斯诗人拉基斯拉夫·霍达谢维奇（Vladislav Hodasevich）的作品《雨水》中的几句诗行。

康斯坦丁来自俄罗斯，他一定也是在俄罗斯的诗歌中长大的，但是他的科学成就属于全人类。科技与诗歌一样，应该在世界上的每个角落像"光洁的丝绸般发亮"，更要像石墨烯一样刚柔相济，温柔而坚强，给世界带去"闪烁白银的缕缕光芒"。

查尔斯·雷伊·麦凯
（Charls Ray MacKay，澳
大利亚）：墨尔本大学博士，
澳大利亚科学院院士，2017
年受聘为山东省科学院特聘
首席专家，曾任辉瑞公司免
疫与炎症部门首席科学家。

3

查尔斯·雷伊·麦凯

为人类健康构建新饮食

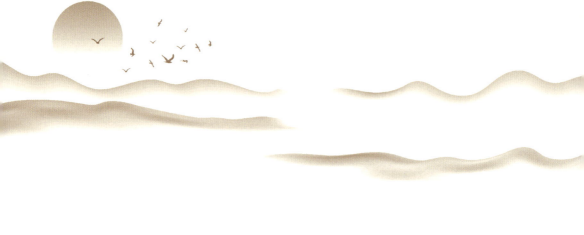

时间回到 1993 年。

他与朋友从澳大利亚墨尔本经中国香港第一次来到内地。

当他与朋友在北京动物园参观时，对园内的中国人来说，黄头发、白皮肤的他们比大熊猫的吸引力还要大。

外国专家的中国情缘

查尔斯·雷伊·麦凯院士

"我和朋友只好在周围人的注视中结束了这次参观。"查尔斯·雷伊·麦凯院士回忆起他与中国的最初接触，仍然笑不可抑。

1993年以后：依然注视中国

在北京动物园的那次尴尬经历以后，也许北京对于麦凯来说，还找不到什么东西可以让他感觉到被吸引和愉悦。那他与中国就此再也没有联络了吗？

那么，20世纪90年代初的中国是什么样呢？似乎很难描述。但是可以从几个事例中看出那时的景象。20世纪80年代末，北京开启了"面的"时代，10万辆黄色"面的"在北京城行驶，在大街上放眼望去，像排山倒海的黄色甲虫在穿梭；1992年，北京第一家麦当劳餐厅在王府井大街开业；1993年，北京申办2000年奥运会主办权，最终败给澳大利亚悉尼。也是那一年，具有新中国"骨灰级"之称的零售商业代表、获得过"全国第一面商业红旗"的北京天桥百货商场上市，成为北京第一批上市公司之一。男士手里拎上了大哥大，女士开始穿上了娇艳的服饰。这些悄然发生的变化，别说对麦凯，就是对更多中国人来说，也还是懵懂的。

1993年，我还在黑龙江读中学；1998年，我在哈尔滨第一次吃了麦当劳。4个人花了99元人民币，这是我一生都不会忘记的大额消费，简直要惊掉我的下巴。但是，正如一个小品中说的，"改革春风吹满地，中国人民真争气"。随着中国改革开放政策的深入和对外开放格局的扩大，世界越来越将目光聚焦中国。越来越多的外国学者开始研究中国的发展模式，中国也成了很多外国人就业目的地的一大选择。

党的十八大以来，中国政府实施更加积极、更加开放、更加有效的人才引进政策，让有志于来华发展的外国人才来得了、待得住、用得好、流得动，以更加开放的姿态接纳全球优秀人才。始于1978年的改革开放，掀起了中国的又一次大规模留学潮。"我赞成留学生的数量要增大""这是五年内快见成效，提高我国科教水平的重要方法之一。要成千成万地派，不是只派十个八个""要千方百计

麦凯院士和学生们

加快步伐，路子要越走越宽"，邓小平的指示吹响了中国青年学生走向世界的号角。

因此，远在澳大利亚的麦凯开始有了中国学生。"我在执教生涯中指导过许多优秀的中国学生或华裔学生。"即便麦凯离开了中国，他与中国的联系也没有中断，反而因为中国的改革开放而更加紧密了。因此他说："改革开放40年，中国取得了许多国家上百年才能达到的成就。作为一名在中国工作的澳大利亚人，我目睹了中国的时代变迁，见证了中国的发展历程。"

2017年开始：爱上济南春秋

查尔斯·雷伊·麦凯 1987 年获得澳大利亚大学博士学位，2009年当选澳大利亚科学院院士，在免疫学基础研究和治疗产品研发转化等领域造诣深厚。

"我是一名科学家，我在学术界获得了博士学位，然后又在生物医药产业界做了一些工作，现在又回到了学术界。所以，我既作为学者去试图理解科学，也试图研发治疗人类疾病的药物。我对两者都有很大的热情，但是大多数人只做其中之一。"麦凯院士快人快语，一板一眼的表情里含着浅浅的微笑，他不是那种高高大大的澳大利亚人，但是腰板挺拔，儒雅精致。我并没有问他的年纪，他自己却非常坦率，"我 60 岁了，住在澳大利亚，也很享受澳大利亚的生活。我有一个儿子，20 岁了。但是，在 2017 年 3 月，我还是来到了中国。"

在麦凯的众多中国学生中，有一位叫余迪，他受聘于齐鲁工业大学（山东省科学院），并组建了研究团队。经过余迪的介绍和推荐，对科学始终充满兴趣和追求、对中国满怀期待的麦凯来到中国，成为山东省科学院特聘首席专家。"他（余迪）是一个非常优秀的学生，并在免疫学领域慢慢成名。我是他的导师，但是是他把我介绍到济南来的。他认为这对我来说是件好事，我也非常喜欢来中国。"

麦凯院士和学生余迪

余迪所在的团队是山东省科学院下属的山东省分析测试中心成立的先进免疫治疗研发团队，主要从事炎症性疾病、癌症的治疗新机制、新方法的研究和相关药物、功能性产品的开发，致力于研发出治疗性单克隆抗体新药，开发出具有肠道平衡调控能力的产品及现代中药产品。这个研发团队有多位优秀的年轻学者，分别针对单克隆抗体、肠道菌群、免疫调控、生命分析等方向开展研究，"他们在基础免疫学领域取得了令世界瞩目的成果"，麦凯给出了这样的评价。我想，正是因为这样的团队，才吸引了麦凯的加入。

从 2017 年开始，麦凯每年都多次往返济南和墨尔本，累计有 3 个月的时间在济南。据麦凯的助手王泉博先生介绍，齐鲁工业大学（山东省科学院）2019 年组建了药学院，麦凯被该院聘为名誉院长。我想，麦凯会有更多时间在中国。是的，因为他喜欢中国，更喜欢山东，他说："山东是哲人孔子的故乡，我十分喜欢读孔子的著作，孔子倡导德育。将'德'放在人才培养的第一位，这也是中国的教育理念之一。"他往往会在澳大利亚寒冷而中国暖和的时候来到济南，他说"济南的春天和秋天都很好"。

后来呢：寻找"完美饮食"

影响一个人健康的方面有很多。总结来说，就是先天和后天。先天主要指基因、性格和秉性等，后天主要指生活习惯，包括起居、饮食、运动和爱好等。先天条件不是我们能决定的，但是后天因素却掌握在我们自己手里。比如，最重要的饮食习惯——吃什么、怎么吃可以直接影响人的健康。

一些食物中含有一类叫纤维素的物质，被称为"膳食纤维"。膳食纤维可以分为不可溶性膳食纤维与可溶性膳食纤维，前者包括纤维素、木质素、半纤维素等，后者包括果胶、藻胶、葡甘聚糖等。含膳食纤维的食物主要有粮食、蔬菜、水果等。膳食纤维是健康饮食不可缺少的，现代营养学的研究表明，多吃粗纤维食物大有好处：一是改善胃肠道功能，有助于防治便秘、预防肠癌；二是改善血糖生成反应，有助于降低餐后血糖含量、治疗糖尿病；三是降低血浆中的胆固醇含量，有助于防治高脂血症和心血管疾病；四是控制体重，减少肥胖病的发生。因此，摄取充足的膳食纤维有助于预防心血管疾病、癌症、糖尿病和其他疾病。

"我的兴趣是免疫学，免疫学意味着我们如何对抗感染，也意味着对抗自身免疫性疾病，比如过敏、哮喘。但是，它也对抗我们可能从未想到过的免疫性疾病，比如糖尿病、高血压、心血管疾病、脂肪肝、阿尔茨海默病等。我通过观察免疫细胞在体内迁移的方式，有了这个想法。也许所有这些疾病，比如哮喘、糖尿病、脂肪肝、阿尔茨海默病、高血压和自身免疫性疾病都与我们吃的东西有关，和我们的饮食及改变微生物群的方式有关。肠道菌群生态失调就是疾病的诱因。"麦凯院士说。

麦凯院士在做学术报告

　　的确，免疫学很复杂。当人们被感染时，免疫系统对抗感染，这是一般人对免疫学的理解。当我们感冒发烧时，有一句通俗的话叫"吃药七天好，不吃药一个星期好"。这就是免疫系统的作用。但实际情况要复杂得多，因为很多人类疾病比如糖尿病、阿尔茨海默病、脂肪肝、心血管疾病、高血压等，事实上都是免疫性疾病。也许，这很难理解。因此，每个人都需要一个强大且平衡的免疫系统，不仅能对抗像感冒这样的小病，也可以对抗癌症和自身免疫性疾病等。

在研究如何提高人自身免疫系统功能的过程中，麦凯院士聚焦到了膳食纤维。他说，这是一场科学革命，我们可以为人们的主要疾病找到新的治疗方法，比如心血管疾病。"以我的经验来看，中国人吃得相对健康，但他们必须非常小心。因为中国也出现了大量的快餐店，比如麦当劳等。在西方国家，进食太多的快餐，没有摄取足够的膳食纤维，会影响肠道菌群，进而引发很多疾病，这是致命的。"

　　那么，是不是素食更健康？"我认为素食者更健康。看看那些非常健康的人，那些活得很长的人，看看他们吃什么。有一些国家的人活得很长，比如希腊的伊卡利亚岛、日本的冲绳、意大利的撒丁岛等。是什么让他们活得这么久？这些地方有一个共同点，那就是不吃太多，多吃水果和蔬菜，少吃肉，很少摄入糖和脂肪。"麦凯院士说，经过大量关于膳食纤维消耗和人群寿命的科学研究，至少对 2 万 ~ 3 万人的研究分析显示，摄入多少膳食纤维和人的寿命是有关联的。

　　但是我们也发现，有很多人每天吃很多水果和蔬菜，但是却早早地由于各种原因去世了。也有人整天吃汉堡、喝可乐却非常健康，也有活到 100 岁的人每天抽两包烟。我们知道，这些都是例外，而且人的生命长短和先天有关系，后天也许不一定能延长生命，但是一定可以改善生命质量。

　　那么，有没有完美的饮食呢？麦凯院士说："我认为完美的人类饮食还没有定义。但是，所有的证据都表明膳食纤维是健康的。这应该在精心设计的临床试验中得到证明，或者至少在试验中得到证明，即人们吃更多的纤维会更健康，吃更多的纤维会活得更长。"

麦凯院士在唐派集团交流

麦凯院士在山科集团交流访问

麦凯院士在济南低碳出行

毋庸置疑，摄取更多的膳食纤维会提高人体的免疫力，会让人更健康，但是食物是否能满足人们的摄取需求呢？"我坚信，我们可以为人类制造全新的"药物"，它们基于饮食而且比传统药物疗效更好。我们正在尝试构建一种人类饮食，一种新的饮食，它具有非常特殊的化学成分，不仅仅是纤维，它就像一个超级纤维饮食。"他认为，这是一个医学研究的新时代。与其让人服用制药行业的药物，不如让人通过饮食（超级纤维饮食）来保持健康。"所以，我们正在做的一件事就是，用尽所有的才智把这样的饮食做出来。"

"……济南的冬天是没有风声的。对于一个刚由伦敦回来的人，像我，冬天要能看得见日光，便觉得是怪事；济南的冬天是响晴的。

自然，在热带的地方，日光是永远那么毒，响亮的天气，反有点叫人害怕。可是，在北中国的冬天，而能有温晴的天气，济南真得算个宝地。"这是老舍先生的著名作品《济南的冬天》中的一段话。我相信，麦凯不仅会喜欢济南的春天和秋天，也会爱上冬天——体验济南的一年四季，体验中国的过去、现在和未来。

罗伯特·狄家诺（Robert Detrano，美国）：美国加州大学教授、著名心脏病专家，2019年度中国政府友谊奖获得者。

4

罗伯特·狄家诺

从加州到大理，为生命为友谊

采访罗伯特·查尔斯·狄家诺教授其实比较偶然。

在 100 位获得 2019 年度中国政府友谊奖获奖专家名单中关注到狄家诺教授，主要因为他是医学专家。

狄家诺教授在大理

我们为什么如此关注医疗，并且关注国际医疗发展及其领域的外国专家？因为有一组数据让我们不寒而栗。

据 2019 年公布的一份中国国民健康与营养大数据报告：在全世界人均寿命排行榜中，中国的人均寿命为 76.34 岁，排全球第 52 位，与位列第一的日本差了 10 岁。更为严峻的现实是：中国心血管疾病患者约为 2.9 亿人，脂肪肝患者约为 1.2 亿人，高血压患者约为 2.7 亿人，各类精神病患者超过 1 亿人，HIV 病毒感染者超过 100 万人；平均每 10 秒就有一人患癌症，平均每 30 秒就有一人患糖尿病，平均每 30 秒就有一人死于心血管疾病，就有一个缺陷儿出生。

在全国启动新生儿先天性心脏病筛查的 12 年前，他在云南就开始了

在国际上，衡量一个国家居民健康水平的主要指标是人均预期寿命、婴儿死亡率和孕产妇死亡率。在导致婴儿死亡的疾病中，先天性心脏病已成为我国首位高发生率和高致死率的出生缺陷疾病。

2007 年，我在北京协和医院生产女儿的时候听说，全国只有在北京出生的孩子一出生就做心脏病筛查。那时，我突然感觉自己这个诞生在遥远黑龙江乡村的健康生命多么来之不易。当然，我不知道

这个说法是不是真的。直到看到 2018 年 7 月 31 日央视网的一条新闻：目前，先天性心脏病已成为我国首位高发生率和高致死率的出生缺陷疾病，国家卫健委当年将在全国启动实施新生儿先天性心脏病筛查项目。项目将在上海、河北、山西等 24 个省份为出生后 6~72 小时的新生儿筛查先天性心脏病。国家卫健委同时公布了我国出生缺陷人群监测主要结果，2017 年先天性心脏病的发病率为 71.53‰。在 2007—2017 年的 10 年间，先天性心脏病的发病率在所有出生缺陷疾病中持续排名第一，在所有出生缺陷疾病中致死率排名第一。目前，我国先天性心脏病防治面临的主要困难是基层医生对新生儿先天性心脏病认识水平比较有限，难以做到早发现、早诊断和及时治疗，20%~30% 的患儿在出生 1 年内因严重缺氧、休克、心力衰竭等并发症死亡。事实上，目前我国很多医疗机构的先天性心脏病患者的手术存活率已高达 97%。先天性心脏病的早发现对于及时诊断和有效干预至关重要。

罗伯特·查尔斯·狄家诺教授正是为我国云南提供免费筛查、救治先天性心脏病儿童而被誉为"当代白求恩"的美国专家。狄家诺教授出生于美国纽约，是美国加州大学心脏病学兼放射影像学和公共卫生学资深教授及博士生导师，曾在加州大学洛杉矶分校、加州长滩 V.A 医学中心和中国医学科学院阜外医院从事科研教学，现任美国加州大学欧文分校教授、美国圣约翰心血管研究中心教授、云南省阜外心血管病医院客座教授，在美国《新英格兰》杂志等媒体上发表过数百篇高水平的学术论著。

狄家诺教授在我生产女儿的前一年，即 2006 年就到过云南。从红河元阳到玉溪新平，他一路走，一路给所到之处的村民测量血压，免费发放降压药。在一次义诊中，狄家诺发现，云南乡村的成年人高血压、儿童先天性心脏病发病率很高，但是当地医疗条件十分落后，于是，他萌生了留在云南无偿行医的想法。10 多年来，狄家诺教授和他的夫人陈珊珊走遍了云南的 126 个县，开展新生儿先天性心脏病筛查、救治，培训医生，以及从事心脏病和高血压病的研究。

听说云南很好，他也要去那里过年

怎么去了云南？狄家诺说，他早在 1990 年就来过北京，2003 年再次来到北京。对初次来北京时的印象，他没有什么描述，倒是第二次来北京时，他发现北京有了很大变化。是的，那时候我都已经在北京工作了，改革开放给我和我的同龄人带来的最大变化是，大学毕业后不分配工作了，叫作自主择业。对于漂在北京的茫然、失落、艰难，我曾经抱怨过，当时我供职的《学习时报》的总编辑周为民先生这样对我说：你应该感谢改革开放，如果没有改革开放，你只能服从国家分配回到家乡，怎么可能有机会来北京工作并追逐梦想呢？从那以后，我对"漂在北京"的所有都释怀了。是的，"那时，感觉突然不一样了，发达很多，人们的想法也很多。我对此充满兴趣。"这是狄家诺教授 2003 年来到北京时的感受。

这种感受强烈地刺激他、牵引他、促使他在两年后，即 2005 年再次来到北京。这次不仅来，还要待得足够长。"我当时是申请到中国医学科学院阜外医院从事研究工作，那年春节的时候，很多人都回家过年，我也想去农村看看。"改革开放"催生"了亿万中国农民离土离乡到城市打工。1985 年中央一号文件中，允许农民进城提供各种劳务；1992 年，党的十四大决定建立社会主义市场经济体制，城市产生了对劳动力的巨大需求，农村富余劳动力就像解冻后的涓涓细流由乡村汇入城市、由内地流向沿海，形成了举世罕见的"民工潮"；至 2018 年，进城务工农民达到 2.88 亿人。2007 年中央一

狄家诺教授和夫人陈珊珊女士

号文件指出，采取各类政策，鼓励外出务工劳动农民带技术、带资金回乡创业，一些在城市完成了经验和技术积累的农民工、大学生、科技人员抓住机遇返乡创业，他们被称为"新农人"。

农民工、北漂、春运、留守儿童、新农人……这些词语与改革开放相伴相生，是中国改革开放的一个个重要标识。每一个春天的故事都从土地解冻开始，每一次中国人的大团圆都从春节时的春运开始。显然，狄家诺教授面对中国的春运大观，也按捺不住内心的渴望，他也要"回家乡"过年。只是，他的家乡在哪儿呢？

"听朋友说云南很好。"狄家诺教授于是随着农民工回乡的大潮去了云南。如果可以用影视作品来呈现的话，我们的头脑里是不是会浮现出这样的镜头：在如海的中国面孔的人潮中，有一个高鼻梁、

狄家诺教授在
自然中骑行

蓝眼睛的外国人；在一张张写满喜悦的脸庞中，有一张些许茫然的脸庞。是的，他并没有去过云南，不知道他打算过年的地方是什么样？

"到了昆明，我骑着自行车到处闲逛。我也去了附近的乡村，路过哈尼族的居住地，一位村民热情地邀请我参加他女儿的婚礼。主人家里很穷，没有自来水。但是他们给了我最好的吃喝和住宿。我给他们钱，他们不要。我很感动。"十几天后，狄家诺教授回到了北京。深受感动的他决定，要用自己的医术来帮助云南的孩子们。

于是，到了第二年，狄家诺想再去云南，这次不是去过年，不是赶春运，是要做一件事情。他还邀请了一位朋友，"就是我的北京房东。"狄家诺用不太熟练的中文慢悠悠地轻描淡写道。

"他说几天就回，我说好啊。结果，（我们）到现在都没有回来。"坐在一旁的陈珊珊女士忍不住爆料道。听到这儿，狄家诺像孩子一样，羞涩地笑了。

不懂艺术的医生，不是好医生

此后，狄家诺夫妇创办了一个非营利机构——中加心脏健康检查（China California Heart Watch）。10多年来，他们和团队成员走遍了云南边疆贫困地区，免费筛查、救治先天性心脏病儿童，狄家诺

狄家诺教授在云南的诊室

教授的善举被社会各界高度赞扬，2012 年荣获"昆明十大好人"称号，2015 年荣获云南省外国专家彩云奖，2019 年荣获中国政府友谊奖。

截至采访时，狄家诺教授和他的团队已在云南筛查了 50 余万名儿童，从中发现了 2 万多例先天性心脏病病例，并把其中的 400 多名患儿分别送往全国各大医院接受救助。为什么要对新生儿进行先天性心脏病筛查？狄家诺教授说，如果在新生儿出生三天内发现心脏病，通过手术可以一次根治；如果三天以后发现心脏病，要至少经过三次手术。不仅患儿痛苦，家庭也要承担更高昂的医疗费用。在义诊的过程中，他还发现，幼儿园、小学或初中阶段的孩子的心脏疾病有被当成肺炎、癫痫等治疗。其实是因为有的人心脏疾病没有症状，不筛查就发现不了，所以耽误了治疗。等发现了，就要付出更高的治疗代价。因此，做好新生儿的先天性心脏病筛查非常重要。

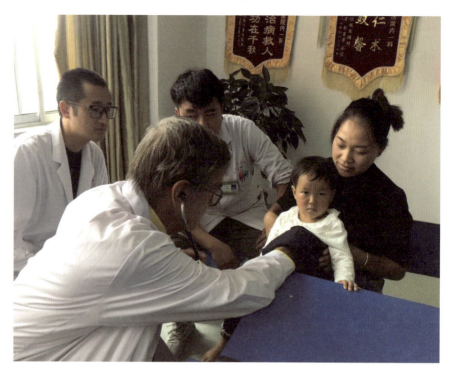

狄家诺教授在凤庆县医院义诊

　　狄家诺教授及其团队不仅长期致力于筛查与诊治儿童先天性心脏病，还开展普通医疗检测、高血压情况检测与调查、培训乡村医生等工作。关于云南地区的高血压，狄家诺率领团队做了许多调查，并根据调查结果写成若干篇学术论文发表在《美国高血压杂志》上。

　　"他就是现代白求恩，穿着最朴素的衣服、最简单的鞋子，走过了云南的村村寨寨，筛查儿童几十万名，培训乡村医生千余名。为了帮助别人，他已经卖掉在美国的房子和车子。他多年来积极筹措资金用于帮助先天性心脏病患儿治疗，购买药品分发给贫困的患者。为帮助那些贫困的患者和提升乡村慢性病诊疗能力，他鞠躬尽痒、无怨无悔。"狄家诺教授身边的同事这样评价他。他的夫人陈珊珊经常在微信朋友圈里分享狄家诺的日常，一会儿赶到这里义诊，一会儿飞到那里救治，一会儿又风尘仆仆赶到医院看望友人。袜子、凉鞋、短裤，搭一件素素净净的西服。这是第一次见到的他，以及后来在微信朋友圈里见到的他。陈珊珊悄悄地跟我说："教授的身体也不太好，他不让朋友知道，怕不让他工作。"我听了，一阵心疼。狄家诺教授已经是一位 70 多岁的老人了，但是仍然行走在救死扶伤

狄家诺教授送佤族先天性心脏病患儿到华西医院手术

的路上，而且在他的异国他乡。他不仅去中国云南，也常去泰国、缅甸、柬埔寨等国。

如今，狄家诺和夫人陈珊珊生活在云南大理。

是不是对生活不太满意？
很久没有笑过又不知为何。
既然不快乐又不喜欢这里，
不如一路向西去大理。

虽然，作为医生要经常面对疾病甚至死亡，但是我相信他们一定每天都哼着《去大理》和许多美妙的大理歌谣，坐在洱海边听波涛、望星空。因为，狄家诺教授不仅是一名医生，还是一位艺术家。

大理从来不缺少艺术。"大理自由的文化和艺术氛围给了我很大的感染。我年轻时在电脑前画的那些线条和图案突然活了。"他从自家浴室的透明玻璃开始，用各色碎玻璃、塑料和贝壳描绘出美丽的图画。从此以后，他的艺术创作便一发不可收。

抽象派女人、敦煌壁画……在色彩绚烂的作品中，我望见了狄家诺教授热烈而澎湃的内心，那是大爱的滚滚洪流在涌动，那是激情的泱泱波涛在汹涌。不懂艺术的医生，不是好医生。中国医学科学院阜外医院血管外科中心主任舒畅教授就拉得一手绝好的小提琴。因为，艺术和医学都一样，一个救心灵一个救身体。

狄家诺教授在家中
进行艺术创作

狄家诺教授自己
设计的图书封面

狄家诺教授创作的艺术作品

先进的科技和医学，让人生多一种可能

改革开放改变了中国农民与脚下土地的关系，也改变了中国与世界的关系。他们从世界各地远道而来，我们从中国走向世界舞台，用每一次到来和远行、每一种奉献和创造，勾勒出了中国和世界发展的新轨迹，描画了各种文明之间的互鉴与融合，抒写了人类命运共同体的蓝图。

在领完中国政府友谊奖奖章后，狄家诺教授当晚失眠了。他做了那么多，但是在我询问他获奖感言时，他却跟我说了无数个感谢。敬佑生命、救死扶伤、甘于奉献、大爱无疆，狄家诺教授让我们看到了当代白求恩，也看到了中美友谊奔腾不息。在生命和爱面前，一切都可以让步、让路。他说："作为医生，每个孩子都是我的孩子。我不认为这件事情有多伟大，我只是觉得很满足。"

前几日，我到北京妇产医院采访内分泌科主任阮祥燕。她到德国学习认识了缪克教授，并把缪克教授和德国的卵巢移植技术介绍到中国；后来，缪克教授又把他的好朋友、"南京好人"约翰·拉贝的孙子、妇产科专家托马斯·拉贝教授介绍到中国。后来，两位教授先后获得中国政府友谊奖，并都接受过《国际人才交流》杂志的专访。那天，在阮祥燕教授的诊室，我见到了一个1岁3个月的小患者，因患膀胱癌刚刚做了手术，要预约卵巢移植手术。我听了，心碎了一地。同时，又觉得这个女孩儿多么幸运，因为北京妇产医院从德国引进的卵巢移植技术让她的未来多了一次机会和一种可能。

狄家诺教授在北京人民大会堂 2019 年度中国政府友谊奖颁奖仪式现场

我也更加感到开展科技、人文、人才国际交流的意义，以及我们作为科技工作者的使命。

　　没有全民健康，就没有全面小康。党的十八大以来，我国卫生与健康事业取得辉煌成就，党的十八届五中全会更是首次提出推进健康中国建设。医疗改革成就举世瞩目，基本医保覆盖 95% 以上的人口；健康扶贫精准发力，三级医院对口帮扶 1111 家县级医院；目前我国的人均寿命达 76.34 岁，较新中国成立前的人均寿命 35 岁提高了 1 倍多；2018 年，全国医疗卫生机构数量已经突破 100 万。据国家卫健委相关负责人介绍，未来我国更加注重预防为主和健康促进，更加注重工作重心下移和资源下沉，更加注重提高服务质量和水平，实现发展方式由以疾病为中心向以健康为中心转变，显著提高人民群众健康水平，奋力推进健康中国建设。

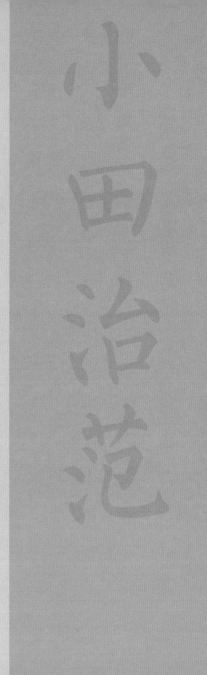

小田治范（日本）：博
鳌国际医院院长，采用生物
细胞技术抗癌症和抗衰老方
面的国际顶级专家，2018年
度中国政府友谊奖获得者。

5

小田治范
一个备份生命的人

随着时代的进步和生活水平的提高，人们对医疗的理解和需求也悄然发生了变化。不是发烧了才吃药，不是病倒了才输液，不是长了肿瘤才进医院。在没有发烧、没有病倒、没有长肿瘤的时候，就要定期体检，就要通过锻炼身体、合理膳食来管理、经营自己的身体。这叫保健，叫治未病。

据不完全统计，我国 80% 的人群处于亚健康状态。我国政府提出大健康战略，就是围绕着人的衣食住行及生老病死，关注各类影响健康的凶险因素和误区，提倡自我健康管理，呵护与保障生命全过程、全方面和全周期。

2019 年春节前夕，我采访了博鳌国际医院院长、日本专家小田治范先生，听听他对中国政府倡导的"大健康"理念的理解及他在中国的实践。

生命在衰老，也可以重生

采访小田治范，是在春节前夕科技部（国家外国专家局）举办的外国专家座谈会上。作为第一次参与座谈会组织的工作人员，我精神极度紧张，出现了身体上的不舒服。我不敢怠慢，便分别约了北京阜外医院和安贞医院的心内科医生，三四天的时间里，天天跑医院拿药、抽血、做核磁、戴监测仪器。那天晚上，我还从医院直接跑到北京外国专家大厦采访小田治范先生和麦凯院士。见到小田治范，他说我很疲劳，我说我非常不舒服。然后他给我把了脉，告诉我："没事，你是累的，以后累的时候、紧张的时候给我打电话。"他的中文和他的安慰立即让我心里舒服多了。从那以后，我稍有一

小田院长参加外国专家座谈会

点不舒服，就马上强迫自己休息。我想，这就是我们管理自己身体的一个重要内容。当身体出现不适的时候，我们应该分析一下内外原因，然后做出判断，以免造成不必要的紧张和惶恐。毕竟，最了解自己身体的人，还是我们自己。

这不是说，有病了不去就医，而是每个人都应该树立正确的健康理念。"真正的健康必须从预防开始，不仅针对疾病本身，同时要保持一个良好的免疫状态，最大限度地提高生存质量，抗衰老、抗肿瘤、延长健康寿命。"小田治范说。小田先生是日本小田医院的院长，也是一名医生，主攻内科、外科和再生医学，他每周周一到周三都会出诊，每天接待100多个患者。

小田先生带领的团队目前做的研究是，通过判断遗传性癌症风险和检查免疫功能等来掌握身体状态，为有需要的患者提供相应的免疫细胞治疗和抗衰老建议，以达到恢复健康和保健管理的目的。

小田先生的再生医学引起我的兴趣。他问我如何理解？我说了自己的理解，简言之再生就是重新生长。他给我的答案打70分。他说，再生医学的本质是用身体的自愈能力治愈疾病，对创伤与组织器官缺损进行生理性修复及进行组织器官再生与功能重建。或者说，通过研究机体的正常组织特征与功能、创伤修复与再生机制及干细胞分化机理，寻找有效的生物治疗方法，促进机体的自我修复与再生或构建新的组织与器官，以维持、修复、再生或改善损伤组织和器官功能。"所以，这是最安全、有效和长久的。"

再生医学标志着医学步入重建、再生、制造、替代组织器官的新时代，也为人类面临的大多数医学难题带来了新希望，如心血管疾病、自身免疫性疾病、糖尿病、先天性遗传缺陷等疾病和各种组织器官损伤的治疗。日本在 20 世纪 70 年代开始倡导再生医学，中国在 20 世纪 90 年代开始再生医学的研究。2007 年，小田先生与中国人民解放军总医院（301 医院）合作，开始了与中国在此领域的研究合作。

　　要真正理解再生医学，需要了解更多医学知识或者说叫作常识。小田先生先介绍了干细胞。我们似乎都听过造血干细胞，但是什么

小田院长在诊疗室

是干细胞呢？他说，干细胞就是起源细胞，是能够产生高度分化的功能细胞，具有增殖和分化潜能、自我更新复制能力。由于它是一类具有自我修复能力的多潜能细胞，因此在一定条件下可以分化成多种功能细胞。根据所处发育阶段，分为胚胎干细胞和成体干细胞；根据发育潜能，分为全能干细胞、多能干细胞和单能干细胞。作为一种未充分分化、尚不成熟的细胞，干细胞因具有再生各种组织、器官和人体的潜在功能，被称为"万用细胞"。

小田院长在实验室通过显微镜观察细胞

小田先生说，在人的身体里，除了了不起的干细胞，还有一类细胞值得重视，这就是免疫细胞。他说，如果把人的身体比作一座城堡，那么干细胞就相当于城堡的钢筋铁骨，免疫细胞就相当于城堡的安防系统。医学表明，人类80%以上的疾病都与免疫功能有关。不论是干细胞还是免疫细胞，都可能加速我们的衰老和影响我们的健康。因此，首先，我们要保持体内的细胞持续更新、足够强壮，以实现延缓衰老和健康长寿的目的；其次，当我们的身体器官或者组织受到损伤以后，要促进其修复、增殖和再生。要实现这两个美好愿望，就要把我们的好细胞储存起来，为定制式治疗药物留下最大空间。储存细胞就是备份生命。小田先生介绍，目前日本已经存储了170个健康人的细胞，未来可以用于保障至少1亿人的健康。

在免疫细胞中，有一种细胞叫自然杀伤细胞（Natural Killer Cell，简称"NK细胞"），1970年由美国科学家罗纳德·B.赫伯曼（Ronald B.Herberman）教授发现。NK细胞不仅与抗肿瘤、抗病毒感染和免疫调节有关，而且在某些情况下参与超敏反应和自身免疫性疾病的发生，能够识别、杀伤靶细胞，具有强力的细胞毒活性，是身体初期防御的重要机制。目前已知NK细胞不依赖于抗原的刺激，即可针对肿瘤细胞或病毒感染细胞产生强有力的杀伤作用。然而，从外周血中培养增殖大量具有强有力的杀伤作用的NK细胞是一件困难的事。结合大量临床与试验的结果，小田先生的研究小组成功地确立了体外大量增殖高活性、高纯度的人体NK细胞的培养方法，并用此法诱导出的NK细胞进行了大量癌症治疗的研究及临床癌症免疫治疗的应用。NK细胞在体外大量培养增殖的过继免疫治疗体系，不仅直接杀伤癌细胞，还释放可溶性因子，通过抑制病毒感染细胞 RNA 的表达来治疗病毒性疾病，同时提高患者的免疫力和调节神经内分泌系统的平衡，降低手术、化疗、放疗的副作用。据临床统计，日本 2867 例（肿瘤 2004 例，其他 863 例）和韩国 153 例（肿瘤 121 例，其他 32 例）中的有效率（包括完全缓解、部分缓解及不变）达 69%。相对于一般治疗 20% 左右的有效率来说，小田先生在该研究领域的治疗效果引起医疗界瞩目。

与中国结缘，促进健康国际合作

众所周知，中国和日本都已经进入了老龄化社会，也叫长寿时代。"人越来越长寿了，但是如果缺乏生活品质，也就是没有质量的长寿。我们既要长寿也要健康。"20 世纪初，瑞士保罗·尼翰（Paul Niehans）教授利用 NK 细胞培养技术创造出回春驻颜奇迹，令各国名流趋之若鹜。对于大多数人来说，回春驻颜还远在"小康"之上，治疗疾病、保持健康是"温饱"。

在我国全面建成小康社会决胜阶段中，习近平总书记提出了"以基层为重点，以改革创新为动力，预防为主，中西医并重，将健康融入所有政策，人民共建共享"的卫生与健康工作方针。李克强总理提出了"要把医疗健康产业做成我国支柱产业"，中国要积极倡导和促进全球卫生合作，努力承担应尽的国际责任和义务。健康是人类的永恒追求，健康促进是国际社会的共同责任。《"健康中国2030"规划纲要》提出，力争到 2030 年人人享有全方位、全生命周期的健康服务，人均预期寿命达到 79 岁，主要健康指标达到高收入国家水平。

对于世界需要、国家需要、人民需要，关系国计民生的"大健康"，政府、医生、大众应该做点什么呢？小田治范先生拥有在日本、韩国和中国从事医疗的丰富经验。作为一名国际医生，他在日本东京都新宿区的小田医院里开设了多语言服务的各种诊疗项目，用日语、汉语、韩语及英语提供涉及内科、外科、胃肠科，物理治疗、美容整形、肠内清洁、医疗激光及各种健康诊断等服务。同时，医院还提供干细胞研究应用、美容、齿科、先端内视镜等项目。

近年来，小田先生竭力于医学科学研究和应用的国际合作，他不停地往返于日本、中国和韩国，介绍新的医疗方法和技术。2007年，与中国人民解放军总医院（301 医院）签订了技术合作合同，2013年与武警总医院签订了战略合作合同，2014 年与中国人民解放军二炮总医院进行合作，为在中国开展高质量的 NK 细胞治疗提供了基础。但是，我想他与中国最重要的合作还是，他在 2018 年 3 月 8 日与博鳌国际医院签署合作协议，并担任博鳌国际医院院长。

博鳌国际医院地处海南博鳌乐城国际医疗旅游先行区，是 2013年国务院批准设立并赋予九条优惠政策的全国唯一一个国际医疗旅游先行区，集康复养生、生态节能环保、绿色国际组织和休闲度假于一体。博鳌国际医院是一家国际性三级综合医院，占地 81.2 亩，建筑面积 6.4 万平方米，核定床位 560 张。医院分门诊区、住院部、国际再生医学研究中心和生活区，并设立健康评估中心、肿瘤精准防治中心、抗衰老医学中心、国际再生医学研究中心、神经系统疾病防治中心、女性医学和医学美容中心、生殖医学中心及微创外科中心等八大临床中心。医院配置了达·芬奇手术机器人等高端设备。

小田院长和同事们在博鳌国际医院前合影

小田治范先生担任博鳌国际医院院长以来，领导医院的干细胞和免疫细胞治疗项目及其衍生项目，对专业人员配备提交咨询意见，对关键技术岗位专业人员进行技术培训和业务能力审核，协助医院引进新的医疗技术和关键技术岗位专业人才，并将其所拥有的细胞治疗技术完整应用于博鳌国际医院，保障相关技术的安全性和医疗质量。先后重点开展了以下项目：自体自然杀伤细胞辅助肿瘤治疗，自体自然杀伤细胞治疗宫颈 HPV 感染，自体脂肪间充质干细胞治疗糖尿病，自体脂肪间充质干细胞治疗自体免疫性疾病。其中 NKM 免疫细胞疗法、NKMplus 免疫细胞疗法、自体脂肪干细胞治疗特应性过敏性皮炎等细胞治疗技术已获得日本第三种和第二种再生医疗认证；抗 PD-1 和抗 CTLA-4 处理培养免疫细胞的强化抗肿瘤疗法也在日本申请了专利。

特别值得一提的是，2018 年 5 月博鳌国际医院成立了国际再生医学研究中心，该研究中心面积达 3000 平方米，并严格按照日本厚生劳动省实验室标准建设，已具备自行培养 NK 细胞与干细胞等技术要求条件，已通过海南省疾病预防控制中心检测，各项指标均达到净化要求。研究中心严格按照日本细胞学实验室标准控制细胞质量，根据日本实验室标准向日本厚生劳动省申请实验室 GMP 认证。

一个医院的国际健康使命

从 2001 年博鳌亚洲论坛永久落户海南，博鳌从一个名不见经传的小渔村一跃成为举世瞩目的"外交小镇"。小田治范就是在博鳌参加国际会议的时候，知道了博鳌国际医院，并认识了医院的投资人李仙玉先生。"我认识李仙玉先生及来博鳌国际医院长期担任院长是一种缘分，我非常赞同中国政府为中国老百姓谋健康福祉的重大举措，我也非常佩服李先生的魄力与气概。"小田先生说，李克强总理提出的要把医疗健康产业做成国家的支柱产业、鼓励民营资本进入医疗领域，这是十分高瞻远瞩的决策。"但是目前，就我本人从事干细胞领域的临床与研究工作，似乎觉得中国有一点点差距。因此，我想把日本的先进技术带到中国的先行区，为中国人民大众的健康服务。建议海南省尽快把党中央、国务院的政策早日落地。"

博鳌国际医院始建于 2016 年 3 月。在党中央、国务院批准建立乐城医疗旅游先行区等政策鼓舞下，民营企业家、投资人李仙玉先生带着响应为国家"大健康"服务的热情，来到了乐城这片热土。功以才成，业由才广。博鳌国际医院先后引进多位国际高端科学家，2018 年 10 月 23 日，与诺贝尔奖获得者、美国国家科学院院士迈克尔·罗斯巴什（Michael Rosbash）教授，就生物学、遗传学、基因组学相关领域签订了合作协议；2018 年 12 月 1 日，与拉斯克奖获得者、美国国家科学院院士、美国医学遗传学院创始人格雷格·赛门扎（Gregg Semenza）教授，就基因和干细胞治疗缺血性心血管疾病与 HIF-1 在癌症中的作用研究及建立院士工作站签订了合作协议；2019 年 1 月

小田院长在博鳌国际医院

11 日，与意大利都灵大学就人才培养、学术交流、专项技术培训、科研合作等领域开展全面广泛的合作，并设立意大利都灵大学附属博鳌国际医院；2019 年 1 月 11 日，与欧洲科学院院士彼得·J. 巴恩斯（Peter J. Barnes）教授，就哮喘和慢性阻塞性肺病方面研究及建立院士工作站签订了合作协议。作为医院院长，小田先生每月至少两次到博鳌，每次待三四天，也会出诊。

"我能想到最浪漫的事，就是和你一起慢慢变老。

"直到我们老得哪儿也去不了，你还依然把我当成手心里的宝。"

人从来到世间的那一刻开始，就一天天长大，然后逐渐衰老。我们无法长生不死，也不可能避免衰老，但是如果我们足够认识、呵护并研究构成我们身体的细胞，就可以让我们虽然很快就长大却可以很慢才变老。即使我们老得哪儿也去不了，依然把彼此当成手心里的宝。我相信，再生医学可以实现我们心中这"最浪漫的事"。

为此，我们要共同努力，互学互鉴，促进传统医学和现代医学融合发展，为实现李克强总理提出的"构建全程健康促进体系，全周期维护和保障人民健康"的目标而努力。

邹光耀（马来西亚）：
浙江巨能环境工程有限公司
副总经理兼研究院院长，新
加坡南洋理工大学终身教授，
东盟科学院院士，2019 年度
中国政府友谊奖获得者。

6 邹光耀

『我实现了父亲生前的愿望』

与邹光耀先生算是老朋友了，所以在 2019 年度中国政府友谊奖颁奖仪式上见到他时，我非常开心。

当然他比我更开心："这不仅仅是我个人莫大的荣耀，也是公司团队、我家人和祖籍潮汕亲属们的荣耀。"他托起沉甸甸、金灿灿的奖章，深情地说："我实现了父亲生前的愿望。"

下南洋

中华民族是一个农耕民族，但是从古至今，我们从未停止过迁徙的脚步。

这其中的原因有很多，比如农民起义、外族入侵和王朝更替，不堪战乱的普通百姓和权力失落的前朝贵族或携妻带子，或孤身一

邹光耀在北京人民大会堂 2019 年度
中国政府友谊奖颁奖仪式现场与夫人合影

人，开始了漂泊或者迁徙。除了这些客观原因，驻扎在中国人心里的对命运的抗争和对美好生活的向往，才是促使人们迈开脚步、背井离乡的最大原因和最强动力。因为，要做一个离家的游子，要到新世界去努力与开拓，确实需要极大的勇气。那么这种内因，形成了一种民族精神，不屈服、要抗争，不低头、要昂首。带着这种民族精神，无论走到哪里，哪里都会成为家园，哪里都会成就繁华。

近代以来，由于地缘上的毗邻关系，东南亚成为中国移民的迁徙地和避难所。在英国、荷兰殖民统治下的南洋处于加速开发阶段，对劳动力的需求量非常大。南洋诸国为吸引华工，先后推出一系列优惠政策，如马来西亚最大的一个州——砂拉越州，在白色拉者（国王）二世执政时期，就颁布过一个特别通告：给移民足够的免费土地种植，政府提供临时住屋安置移民；免费供给大米和食盐一年；提供交通运输工具，建立警察局保护华人安全，华人可永久居住在砂拉越等。在这种强大的吸引力下，很多人漂洋过海下南洋。

邹光耀的父母就是在 20 世纪 50 年代从广东潮汕到马来西亚谋生的。邹光耀家里有兄弟姐妹 8 人，5 个男孩，3 个女孩，邹光耀行六。除了大姐在中国出生，其他兄弟姐妹都在马来西亚出生。"小时候的日子是非常苦的，一年只能吃一次肉。"邹光耀说，但是再穷不能穷教育。他们兄弟姐妹通过奖学金、免息贷款等方式完成学业，并且个个学业优异、事业有成。他们大多是教师，生活在中国、英国、马来西亚及中国台湾等国家和地区。这也许和父亲的职业有关，邹光耀的父亲曾是一名音乐老师，擅长潮剧与潮州大锣鼓。潮剧作为中国十大剧种之一，是国家非物质文化遗产，有"南国奇葩"的美誉，以优美动听的唱腔音乐和独特的表演形式融合成极富地方特色的戏曲而享誉海内外。"莫夸骑鹤下扬州，渴慕潮汕数十秋。得句驰书傲子女，春宵听曲在汕头。"潮剧是上千年潮州文化的重要传承载体，也是联络世界各地潮州人之间情谊的重要纽带。"父亲一生钟爱潮剧，我想最重要的原因是，身在马来西亚，心在中国。父亲要求所有孩子在家里必须讲潮汕话：'吃我的饭，讲我的潮汕话'。"父亲如

邹光耀夫妇博士毕业与父母合影纪念

此严厉的要求，源于藏在灵魂深处对祖国、对祖先、对故乡的赤子之心。邹光耀获得中国政府友谊奖后，第一时间向家人报喜。他说，表兄妹们还在潮汕，大家平常通过微信群保持联系。

来中国

小时候，乡愁是一枚小小的邮票，我在这头，母亲在那头。

长大后，乡愁是一张窄窄的船票，我在这头，新娘在那头。

诗人余光中的《乡愁》道出了多少游子心中的痛。

想来，我离开生养我的故乡已经 30 多年了。30 多年来，魂牵梦萦的影像，永远是家门前那条小河，房后面那片白桦林。风从松嫩平原吹过，掀起母亲红色的纱巾，母亲那年轻且蓬勃的微笑温暖了干涸的土地。

故乡尚且如此，何况祖国呢？

"参天之树，必有其根；世间之人，必有其祖。"对于邹光耀来说，潮汕是什么样子？除了在潮汕话和潮剧的唱腔里，还在哪里？

英语、汉语、马来语，潮汕话、广东话、闽南语，在邹光耀熟练掌握的多种语言和方言中，他最爱潮汕话。潮汕话也叫潮州话，是潮汕人的母语，是唐代以前可以追溯至先秦的中国古代汉语的遗存之一，是中国最古老的官方语言之一。

带着潮汕人的基因，邹光耀 1983 年从马来西亚考到了新加坡国立大学。1983—1996 年，邹光耀在新加坡国立大学，以及南洋理工大学读完本科、研究生，之后留校从事研究与教学工作。2006 年，邹光耀回到马来西亚，到拉曼大学工作，担任工程和绿色科技学院院长与首席教授。

工作中的邹光耀

心里有召唤，一定会去赴约。

2013年，邹光耀来到中国，在复旦大学做客座教授。其间，他受邀于在南洋理工大学认识的老朋友严月根博士去南京，参观了博瑞德环境集团股份有限公司（以下简称"博瑞德"）。博瑞德是一家专业从事污水治理及环保领域技术研发、工程总包、设施运维及投资经营服务的高新技术企业。围绕环保产业，博瑞德主营业务涉及污水治理、中水回用、异味控制和废物处置等环保领域，服务模式包含工程总包、技术服务、委托运维和投资经营等多种类型。特别针对炼油、石化、化工、制药、农药、颜料、纺织、印染等工业客户提供服务，同时为工业园区污水集中处理、市政污水厂升级和污水深度处理及资源化回收利用等工程提供服务。

2013 年邹光耀与严月根博士在南京中山陵合影

基于对老朋友的了解，严月根希望邹光耀能加入博瑞德。"博瑞德的业务与我的专业很契合。我多年来在大学从事研究工作，也非常想让自己的科研成果得到更多转化应用，以解决实际问题。尤其是水污染、废水处理，这是一个难以抗拒的挑战。"听了邹光耀选择博瑞德的原因，我想正是应了习近平总书记的要求："广大科技工作者要把论文写在祖国的大地上，把科技成果应用在实现现代化的伟大事业中。"虽然邹光耀是出生在马来西亚的华裔，但是作为科学家，都应该把科研论文写在大地上，写在服务人类经济社会发展的伟业中。

向蓝海

博瑞德成立于 2006 年，除重点面向长三角以外，业务已逐步扩展至全国，并于 2014 年年初成功并购一家加拿大多伦多的异味控制技术公司，业务拓展至北美洲；获得无数荣誉，建有江苏省环境保护化工废水治理与资源化工程技术中心、南京市工程技术研究中心。目前，博瑞德以严月根和邹光耀为技术带头人，其研发团队专注开展环保治理技术的创新与成果转化。公司拥有的 4 项污水处理和中水回用的专有核心技术与工艺，即厌氧颗粒污泥床反应器（GSB）、好氧载体流动床反应器（CBR）、耦合臭氧生物膜（COB）技术和一体化气浮滤池（In filter DAF），均达到国际领先水平。目前申请专利 27 项，已获得授权 16 项，其中发明专利 3 项；已获授权软件著作权 5 项，其科研成果填补了国内工业污水处理领域的多项空白，并成功完成高难度化工废水治理工程新建和改造项目 40 余项。

本书作者采访
邹光耀时的合影

凭借着国际领先的技术工艺和成熟的工程经验，博瑞德已先后为美国、德国、日本及中国的多家知名企业提供全方位工业污水治理或投资经营服务；特别是为南京、嘉兴、济宁等地的大型化工园区提供工业用水及污水处理的系统解决方案，充分运用其核心技术高效功能，确保实际达标排放，并具有运行稳定、水质优良、投资运行成本合理等多项优点，解决了工业企业和化工园区迫在眉睫的污水处理、异味控制、固废处理等环境保护难题，使得绿色化工成为可能，赢得了业界广泛认可和好评，已经成为绿色发展和生态文明建设中的一份重要力量。

2014年，邹光耀结束了复旦大学客座教授的工作后，加盟博瑞德，担任浙江巨能环境工程设备有限公司（以下简称"浙江巨能"）副总经理兼研究院院长。浙江巨能是博瑞德的子公司，核心业务领域是向工业客户和工业园区特别是炼油、石化、化工、制药、化肥、颜料、纺织、印染等行业提供投资服务，为工业园区污水集中处理、市政污水处理厂的升级和深度处理、回用及资源化等工程提供技术服务，"公司以保护人类赖以生存的水资源环境、提高人类生活质量为己任，提供水务及相关环保公用事业的综合性服务。"这段话是浙江巨能官网上的介绍，非常触动人心。

邹光耀介绍，浙江巨能现有员工已逾150人，近一半是研发人员。的确，研发是一个技术公司、一家研究院的源头活水。没有高质量的专业人才，没有高水平的研发队伍，一个企业、一家机构是没有办法生存的，更谈不上发展。在采访时，我很冒昧地问了邹光耀现在的薪酬和待遇，他也毫不回避，边笑边认真地说："稍等，我换

邹光耀在浙江
巨能实验室

邹光耀与员工
进行项目讨论

算一下。"其实，薪酬只是吸引人才的一个方面，有比薪酬更重要的，比如平台，比如生活环境。浙江巨能让邹光耀从大学走向企业，从研究走向市场，让自己多年来积累的学术品质和研究成果得以在企业与市场中变成成果，变成可以看得见的成效；反过来，科学家从企业与市场中获得的实践经验和实际需求，又会进一步促进学术和科研的发展。浙江巨能在浙江省桐乡市，那是中国文学家茅盾的故乡，人文荟萃，又紧邻上海，曾是近代中国农业最为发达的地方。

2014 年在儿子
邹德扬剑桥大学毕
业典礼上全家合影

深厚的人文、开放的胸襟、温热的故土，我想他父亲的潮剧一定时不时在邹光耀眼前若隐若现。

这一点能得到充分证明的，不仅源于邹光耀被严月根"引进"，更源于邹光耀的儿子被父亲"引进"。"我的儿子邹德扬1991年出生，剑桥大学数学系毕业，2017年来到南京，2018年来到桐乡，也加入到公司从事研究工作。"邹光耀自豪地说。这还不算，儿子邹德扬已经和曾在浙江省外国专家局工作的宁波姑娘孙颖结婚了。我听了，难抑惊喜之情。如果说，邹光耀来中国工作，源于小时候父亲对他的教育，源于一种永远割不断的血脉深情，那么邹光耀的儿子也来中国工作更多的是源于这份事业，"这是蓝海。我们要突破传统的技术，因为我们要解决的工业废水不仅高浓度，而且难降解、有毒。"

我们打开世界地图或者面对地球仪时，呈现在我们面前的大部分都是鲜艳的蓝色，地球表面70%以上都是海洋。地球是太阳系八

外国专家的中国情缘

大行星之中唯一被液态水所覆盖的星球，是一个名副其实的大水球。水是人类赖以生存的自然资源，没有水就没有生命。"保护人类赖以生存的水资源环境，提高人类生活质量，愿每个人都能饮用到干净的水。"作为致力于工业和市政废水处理新技术研发与工业化应用 20 余年、国际上最早从事生物污泥颗粒化技术研究的专家之一，邹光耀的愿望也是所有爱好世界和平、投身人类发展的科学家们的愿望。

2019 年是新中国成立 70 周年。"这一年我获得中国政府友谊奖，感到无比的荣幸和特别的意义。"我想，就像他的名字一样，当年迫于生计下南洋的父母就是希望有一天能衣锦还乡、希望后辈能光宗耀祖。邹光耀说，未来他将为促进中国和马来西亚科技学术交流，推动中马两国经济社会发展和增进人民友谊做出更多努力。

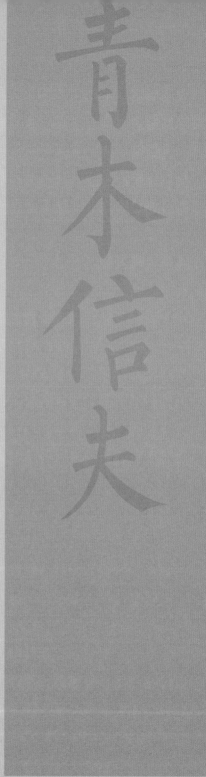

青木信夫（日本）：
天津大学中国文化遗产保护
国际研究中心主任、智库主
任，曾任清华大学访问学者、
日本庆应大学环境信息学部
助理教授、东京大学生产技
术研究所教授级研究员等，
2019年度中国政府友谊奖获
得者。

7 青木信夫

经济越发展，文化遗产越需要保护

2019 年是新中国成立 70 周年。按照中国政府友谊奖评选办法，这样重要的年份是所谓"大年"，要评选产生 100 位中国政府友谊奖获得者，来自日本的青木信夫教授作为建筑文化遗产保护领域的专家十分突出。

青木信夫教授

他因为三个愿望，来到中国

那年夏天，我去了日本，见到了著名的富士山。我们是在下午的时候到的，雾大，只能在山脚下看山顶若隐若现。大量的游客从山里出来，却有一队队的小学生由大人或者老师带着往山里走。导游说，这些小学生下午开始爬山，凌晨到达山顶，在山上待一晚，早晨下山。这时候，我想到很多年前，国内掀起的关于日本青少年和中国青少年比较的讨论。

人与人不同，山与山也不同。山的不同更多源于人的赋予。入选世界文化遗产名录的富士山是日本人的信仰所在，也是日本艺术创作的源泉。

文化遗产是人类宝贵的精神财富，记载了一个国家的历史变迁，传承着一个民族的文化基因，是该国和该民族区别于其他国家与民族的文化标记。它不仅涵盖文化、历史、学术等人文领域，也包含动物、植物、景观等自然遗产。

日本文化遗产在日语中为"文化财"，是日本为保护文化遗产、自然遗产所建立的标准，其资格依日本《文化财保护法》订立。日本文化遗产保护比较成功的原因在于，除了相关法律法规和制度健全、国民法制意识与保护意识较强等，还得益于日本各界的相互配合、共同携手。

1996 年获得东京大学博士学位后，青木信夫来到清华大学做访问学者。一年后，他回到日本到庆应义塾大学就职，同时也在东京大学兼职。庆应义塾大学和早稻田大学是日本的"私学双雄"，其建筑专业在日本排名一直名列前茅，学术非常扎实。时为年轻学者的青木信夫十分关注东亚城市建筑的发展，认为城市历史研究和城市遗产保护是两利的关系，并开始致力于中国文化遗产保护的理论研究和实践探索。

"其实在 1985 年的时候，东京大学和清华大学就有一个国际合作项目，关注东亚地区沿海城市的建筑历史调查，我当时作为研究生参加了这个调查。但是这个项目仅仅是立足于历史研究，让我觉得挺遗憾的。我们知道从东亚这样一个广域的视角来研究建筑和城市的成立过程，并且探求一个全球化的历史，这一点挺吸引人的。"

无论是读书时还是教学后，青木信夫都多次来到中国，比如 1991 年到上海调研，1999 年到成都调研，2006 年来到天津。然后，这一待就是十几年。

2007.5.1 天津水上公园

青木教授全家在
天津水上公园

"我之所以接受天津大学的邀请，携家眷一起来到中国，其实有三个愿望：第一是要建立一个文化遗产保护研究的专门机构；第二是要让文化遗产保护的研究为社会服务；第三是要培养担当文化遗产保护的专业人才。经过两年多的筹备，2008 年天津大学批准中国文化遗产保护国际研究中心成立，校长任命我担任中心主任。这意味着这个中心以国际标准和用国际合作的方式来保护中国的文化遗产。"青木信夫开心地说，现在这三个愿望都实现了。

建设与保护，是两利的

回顾 2006 年的中国经济，有这样一些关键词：投资增长过速、货币信贷过量、经济发展过热等。

"经济发展快是非常好的事情，但是在发展的过程中，如果文化遗产得不到好好保护，就会随之消失了。特别是，一些面临危险的文化遗产，如何用国际理念、方法和技术保护，当时中国是非常需要的。2006 年中国的文化遗产保护需要走向国际化，与国际接轨，积极进行世界遗产登录等。"青木信夫说。

赴任天津大学中国文化遗产保护国际研究中心主任后，青木信夫就投入了全部身心，首先调整课程设置，增加了文化遗产保护的课程，让学生有了更多选择，往系统化的方向发展。青木信夫就职于天津大学，他对天津的文化遗产保护当然更加用心。他不仅建议

青木教授和学生在北京史家胡同调研

完整的遗产保护教学体系并为研究生开设专业课程，还举办"中国文化遗产保护天津论坛"系列讲座50余场，全力推进天津大学与海外名校的国际合作，邀请国外著名专家来中国担任客座教授等。

近年中国建立各种优厚的人才制度吸引海外人才，但是青木来到中国的时候，外国人申请各种中国的研究资助还受到一定的限制，他获得了两次丰田财团和一次住友财团的国际合作研究资助，这些资助也帮助他起步。目前尽管外国人在中国申请科研经费依然不容易，但是目前他已经获得中国国家自然科学基金和天津市的自然科学基金支持。

2013 年，青木、徐苏斌与其他中国研究者共同申请了国家社科重大课题，这是中国社科高层次的课题，青木和徐苏斌带领团队开展近代工业遗产保护体系研究。完成工业遗产的报告书五卷本，并获得国家出版基金。参与执笔的《中国近代建筑史》（五卷本）2017 年获得中国出版政府奖，2019 年获得中华优秀出版物奖。这些成果都来自他对这块土地的深深理解和对文化遗产保护的热情。

谈到令他印象深刻的中国的文化遗产，他如数家珍。

"麦积山者，北跨清渭，南渐两当，五百里岗峦，麦积处其半，崛起一块石，高百万寻，望之团团，如农家积麦之状，故有此名"。这就是位于甘肃省天水市的秦岭山脉之中，素有"秦地林泉之冠"美誉的天水麦积山。"峭壁之间，镌石成佛，万龛千窟。碎自人力，疑其鬼功。"这就是和敦煌的莫高窟、大同的云冈石窟、洛阳的龙门石窟并称为"中国四大石窟"、被誉为"东方雕塑馆"的麦积山石窟。石窟始建于后秦（384—417 年），兴于北魏明元帝、太武帝时期，北魏孝文帝太和元年（477 年）后又有所发展，因山形酷似农家麦垛之状而得名。2014 年 6 月 22 日，在卡塔尔多哈召开的联合国教科文组织第 38 届世界遗产委员会会议上，麦积山石窟成功列入世界遗产名录。

麦积山石窟保留了大量的宗教、艺术、建筑等方面的实物资料，丰富了中国古代文化史，同时也为后世研究中国佛教文化提供了丰富的资料和史实。对此，作为建筑文化遗产保护领域专家，青木信夫更了解石窟的价值。他说："现在留下 194 个石窟，内部还保存着众多佛像，还有彩色的人物塑像。我们知道欧亚大陆中西交流是丝绸之路上非常重要的一段历史，而且因为这个，教科文组织的世界遗产名录当中第一批就收录了中国、哈萨克斯坦、吉尔吉斯斯坦的相关遗迹 33 处。2014 年，麦积山石窟，包括它在内的'丝绸之路：长安—天山廊道的路网'被收入世界文化遗产名录。这是中国和其他国家共享的无边界的世界文化遗产，对中国、哈萨克斯坦、吉尔吉斯斯坦来说都是第一次。没有边界的世界遗产的意义非常重大，因为它不单单是地理上、物理上的，更是人类应该具有的显著的普遍价值，这是具有象征性的。"青木信夫与中国专家合作主持的世界文化遗产麦积山石窟保护规划本体部分项目，获教育部优秀规划设计二等奖。

如果说麦积山石窟离我们比较遥远，或者说它的价值显而易见，那么我们对眼前的、城市里的文化遗产是不是会不以为意或者视而不见？俗话说"近代中国看天津"，"北京四合院，天津小洋楼"。曾经的法、美、德、意、日、俄等九国租界让天津成为万国城市博物馆，天津的小洋楼就是一道著名的风景线。青木信夫已经获得中国国家自然科学基金和天津市的自然科学基金支持研究这些珍贵的文化遗产。

"天津是中国工业革命的主要发源地之一，是近代重要的工业城市。这些近代留下来的遗迹，是中国屈辱历史的一部分，其实也是文化遗产的一部分，应该重视保护。"青木信夫在 2008 年发起保

青木教授带领学生调查工业遗产

护濒危大沽船坞的倡议并主持保护规划。"造船厂，顾名思义，不就是造船的地方吗？其实那个时代是船舶的时代，船被称为漂浮的城市，泰坦尼克号就是典型。各种各样的要素都云集其中，比如说机械、金属、化学、电器、建筑，特别广泛，当时它和今天的宇宙飞船一样，集中了各种各样的尖端技术，就是一个综合的机械厂。也就是说，它汇集了欧洲先进的工业技术，是一个代表工业革命的遗产。"但保护并不是一帆风顺的，建设单位说塘沽规划十五年从来没有人提过遗产问题，不能理解保护的意见。后来青木信夫到北京参加建筑师与20世纪文化遗产保护论坛，他在论坛上谈到这个事情，并且写了倡议书，与会的所有专家都在倡议书上签了字。经过国家文物局与天津市协调，决定道路向西改道200米，2013年大沽船坞成为全国重点文物保护单位。"外国人都这么重视，我们中国人更应该重视我们的文化遗产。"这是当时天津文物保护部门一位领导的感慨。青木信夫说，这里还有其他积极的力量，比如造船厂的厂长等。

他2012年主持天津市工业遗产普查，为天津市总体规划保护工业遗产提供了依据。他2013年主持申报天津历史保护区第七批全国重点文物，获得成功。

甘肃，天津，山西……青木信夫用实际行动一步一步达成了自己的愿望。"山西省祁县是中国历史文化名城，是北魏时期建成的一个城郭，以十字交叉的街道为中心，纵横交错着122条街道，862门户，而且保存得非常好。街道、民居、商店、寺庙都非常好地保存了明清时期的影子，具有历史意义和研究价值。但是建筑物本身的老化非常严重，急需保护。"青木这样说。现在总体的规划已经完成了，青木作为团队骨干，主要负责街道景观和基础设施设计，现在正在进行。这个项目也是国际合作项目。

在保护文化遗产的实践中，青木信夫认为，共同合作是至关重要的。基于单一价值观的努力是有局限的。近些年中国有很多协同创新中心，"我认为创新是通过合作才能实现的，你要想实现革命性的创新，就必须通过协同与合作。我的经验也告诉我，只有在实践领域开展国际合作，才能够加深理解，实现更高层级的创新。"同时，他认为要培养专业化的人才。以前的教育体系已经不能跟上新的时代了，我们必须要打造跨学科的、横断性的综合教育体系。

青木教授和森田照信教授考察独乐寺

　　青木十分关注遗产的可持续发展。近年来国际上十分关注活态遗产、遗产社区、文化遗产可持续发展、非物质文化遗产等，和他的研究相关的祁县历史文化名城即集中体现了上述一系列问题。他和团队反复讨论这些问题。青木还主持了天津市社会科学联合会的重点课题，调查天津遗产社区的问题，带领学生深入现场，探讨文化遗产的非物质层面的价值。他认为研究遗产不仅要研究物质形态，还要研究居民的场所依恋、集体记忆、情感等，这些都是遗产的社会价值，同时也和解决社区的实际问题、城市的可持续发展密切相关。他的研究成果获得天津市社科联高度评价，天津电视台还跟踪采访了他的调查活动。

7　青木信夫　经济越发展，文化遗产越需要保护

109

共同建议增补濒危遗产紧急指定制度

青木信夫的妻子徐苏斌是中国人，也是他的同事、事业上的伙伴。

徐苏斌教授现任天津大学中国文化遗产保护国际研究中心副主任。她属于那种温柔又果敢的女性，也许都是与建筑有关，从她身上可以瞥见一缕才女林徽因的影子。他们把保护好文化遗产当作共同的梦想。

青木教授和夫人徐苏斌教授在北京人民大会堂 2019 年中国政府友谊奖颁奖仪式现场

越是建设，越是保护。"青木的父母很支持他来中国，但是没有想到一待就是十几年了。他是长子，父母年纪大了还是希望儿女在身边的，而且作为儿女也有责任尽孝，但是现在父母都已经去世了，再没有机会报答他们了。"徐苏斌说到这里，也透出凝重。

说到在中国工作的时间，青木说："13年间我的愿望一一实现，有时候我想完成工作了就回日本，但是总有必须解决的课题要继续完成，这让我久久依恋中国这块土地。"这是青木信夫所从事的专业本身具有的魅力，也是因为当一个人喜爱和热爱一件事情以后就会不断地发现它的魅力。

青木希望保护文化遗产，也希望更多的人重视保护遗产。为此建议建言，让研究成果为社会服务，这是青木的愿望之一。2016年天津市教育委员会开始在高校中选拔智库，青木带领的天津大学中国文化遗产保护国际研究中心被指定为天津第一批高校智库，2017年智库受到中国三大智库评估机构的认定，入选中国社会科学院中国社会科学评价研究院的中国核心智库，入选《光明日报》、南京大学的中国智库索引（CTTI）来源智库，上海社会科学院智库研究中心《2017年中国智库报告》文化类前十。作为智库代表，多年来青木信夫和徐苏斌两位专家积极建言。例如他们最早建议天津保护工业遗产，最早建议申请创意城市。比较典型的是他们多次建议中国增补濒危遗产紧急指定制度。他们撰文指出：在经济高速发展时期，有很多尚未被赋予文物身份的"准遗产"常常由于各种原因被迫拆除。2001年他们和西南交通大学共同对成都的近代遗产开展普查时发现，与1985年的数据比较消失率达43%。近年这种趋势有增无减，工业遗产首当其冲。目前工业遗产尚没有进行全国普查，根据2012年天津大学和天津市规划局进行的天津工业遗产普查，被列入天津"近代百年第一"的19项工业遗产中已经消失7项，还有的只是部分存留。对于那些已经处于濒危状态的"准文物"，目前中国尚没有有效的法律积极对应。因此，他们建议尽快建立濒危遗产紧急指定制度。

他们说，亚洲几个发达的国家和地区都经历了遗产濒危的过程。日本、韩国，中国台湾和中国香港地区都有设置遗产暂时指定制度。对于如何在中国大陆建立濒危遗产暂定制度，他们认为：首先，可以基于第三次普查的成果，设置专门窗口收集各地相关信息，建立濒危遗产名单；其次，对于濒危遗产名单的所有者发放濒危遗产注意事项，设置缓冲期，并向业主说明在缓冲期不得擅自拆毁，并设置处罚机制；在缓冲期业主可以和文物部门充分交换意见，同时尽快组织专家评估，通过媒体等途径让社会参与意见；最后，在平衡各个方面意见的基础上做出最后的抉择。

本书作者与青木夫妇采访合影

文化遗产是文化的载体，同时也具有脆弱性和不可再生性，如何处理好开发（发展）与保护的关系，将文化遗产的损失降到最低，是当前需要重视的问题。

这个采访是 2019 年 9 月完成的，我的愿望是再次到大沽船坞看看再撰写文章。没有想到 2020 年年初爆发了严重的新冠疫情。所以，要完成一个心愿是不容易的。然而，青木先生在这十几年的时间里已经完成了三个。况且，每个愿望都是了不起的。

然而，正如青木先生所言，做任何事情都需要共同合作，基于单一价值观的努力是有局限的。每个人都因为成长环境、教育背景、文化基因等存在差异，所以需要彼此尊重、共同协作，学会倾听各种声音，吸纳各种营养。希望有关部门重视青木信夫和徐苏斌的关于增补濒危遗产紧急指定制度的建议。保护文化遗产就是保护文化基因，就是传承文化血脉。

1991 年时任福州市委书记的习近平这样说："评价一个制度、一种力量是进步还是反动，重要的一点是看它对待历史、文化的态度。要在我们的手里，把全市的文物保护、修复、利用搞好，不仅不能让它们受到破坏，而且还要让它们更加增辉添彩，传给后代。"

康斯坦丁·谢平
（Konstantin Shchepin，
俄罗斯）：中央广播电视总
台资深评论员、记者，2020
年度中国政府友谊奖获得者。

8

康斯坦丁·谢平

不仅在『美食中国』里沟通世界

2021 年 6 月 24 日，科技部组织了外国专家参观中国共产党历史展览馆。我作为工作人员陪同外国专家参观时，第一次见到谢平。当中央广播电视总台国际交流局王文芝处长把谢平介绍给我，并告诉我谢平是俄罗斯专家、2020 年度中国政府友谊奖获得者时，谢平用十分纯正的中文对我说了一句"你好"。

康斯坦丁·谢平

外国专家的中国情缘

向总理建议，"感觉很亲切"

2021 年是中国共产党成立 100 周年，全世界的目光都朝向东方、聚焦这个百年大党的苦难与辉煌。其中，"不忘初心 牢记使命"中国共产党历史展览引起国际社会广泛关注。展览通过 2600 余幅图片、3500 件（套）文物实物，全方位、全过程、全景式、史诗般展现了中国共产党团结带领中国人民不懈奋斗、不怕牺牲、理论探索、为民造福、自身建设的伟大历程和其中蕴含的伟大精神，彰显了中国共产党为中国人民谋幸福、为中华民族谋复兴的初心和使命。

在参观中，谢平作为一名从事新闻工作的外国专家，对中国共产党历史表现出更加浓厚的兴趣，一边认真聆听讲解，一边不时地在珍贵的文物、图片前驻足。文字、图片还有影像都向我们再现了中国共产党人不畏艰险、勇往直前、浴血奋战的历史场景。在这种沉浸式的体验中，谢平说："这里记录了中国共产党百年的故事和发展，对于一个希望了解中国的外国人来讲，令人兴奋。我们不应把中国和中国共产党分开来看，没有中国共产党就没有新中国，中国的发展离不开中国共产党，这场展览就是充分证明。"

当然，能够"证明"这些的还有很多。比如，每年中国政府都会召开中国政府友谊奖评选和颁奖仪式，国务院总理同外国专家举行新春座谈会，还有全国两会中外国记者的参与……通过这些重大活动和重要场合，外国专家可以切身了解中国的政治、经济、社会、文化、教育和科技等方面的政策及其发展成就。说到这里，谢平回忆起2022年春节前参加的李克强总理同外国专家举行的新春座谈会。他作为外国专家还直接向总理建言。他说，总理很亲切，座谈会非常轻松，不用准备华丽的辞藻。特别是总理说"你们有什么想法就直接说出来"，这让谢平感到非常亲切和感动。他当时给总理的建议是，希望可以增加现场报道全国两会的外国记者的数量，他认为讲好中国故事不仅是中国记者的事，也是外国记者的事。现场，总理对谢平的建议做了回应。

谢平已经参加过几次新春座谈会，他说感觉座谈会越来越务实，作为媒体记者的外国专家发言的机会也越来越多。他还建议，中国政府不仅要重视使用英语的国际传播，也要重视使用其他语种的国际传播。

谢平在北京人民大会堂2021年度中国政府友谊奖颁奖仪式现场

缘起哈洽会，北京是老家

同为记者出身的我，对记者这个职业有着天然的亲切感。但是做记者的不一定是学新闻的，从事文学创作的也不一定是学文学的。果不出所料，谢平也是。身为80后的谢平毕业于莫斯科国际关系学院，大学期间就在俄罗斯塔斯社实习，毕业后留在塔斯社工作。2004年他第一次来到中国，参加哈洽会（中国·哈尔滨国际经济贸易洽谈会）。谢平说"哈洽会"三个字的时候，是标准的东北口音，即"哈"读的三声。

哈洽会不一定享誉全国，但是对于来自黑龙江的我来说，这三个字是耳熟能详的。早在20世纪80年代末，随着我国改革开放步伐的加快，黑龙江省提出"南联北开，全方位开放"的战略方针，并经国务院批准筹办对苏联、东欧国家的经济贸易洽谈会。1990年第一届哈洽会的成功举办，标志着我国向苏联及东欧地区敞开了经贸合作之门，边境贸易翻开了新的一页。因此，哈洽会作为会展平台，见证着中俄两国经贸关系发展和中俄两国友谊与合作不断深化的历程。也许正是缘于这些，谢平的这次哈洽会之行，改变了他的人生轨迹。当年，他就成了塔斯社驻北京分社的记者。

"北京和哈尔滨你更喜欢哪个？"这个问题，我问得并不"善良"。但是谢平笑笑说："北京是老家，哈尔滨是我经常去的地方。我有一个困惑就是在北京找不到哈（三声）啤，全都是雪花（啤酒）。哈啤太好喝了！"谢平的话立即勾起了我对家乡的思念。许多年过去，家乡早已物是人非、日新月异，那思念可能就是源于一种美食，它能沉淀出你对人、对物、对文化的最深沉眷恋，它也是一把钥匙可以帮你打开一个精彩的世界。是的，谢平的另一个可爱的"身份"就与它有关。

谢平在记者会现场提问

另一个身份，别样的意义

2006 年谢平来到中国国际广播电台工作，2008 年到俄新社驻北京分社工作；2010 年谢平又回到中国国际广播电台，现在在中央广播电视总台工作。他每天都坚持追踪热点新闻，这样能让他始终处在世界发展的最前沿，保持一份积极的状态，及时对变化的世界做出反应，以便能更好地融入生活。他说在北京生活没有什么不方便的地方，就是因为新冠疫情的影响，已经三年没有回国看望父母了，只能通过视频联系。

"每次视频，妈妈都会哭。因为太想念了。"谢平是家中独子，他的父亲是工程师，一直在军队工作，母亲是医学和语言学专家，现在都已经退休。2004 年第一次来中国之前，他对中国没有什么了解。"妈妈边给我收拾行李，边说到中国以后少出门，大街上都是'红卫兵'。"

2005 年父母来到中国后，非常惊讶。从那以后，他们每年都会来中国，到北京、海南等地方，特别是名胜古迹游玩"打卡"，最喜欢北京颐和园。唯一的问题是爸爸对中国菜有点"过敏"，当然除了饺子和二锅头。我不知道爸爸的这个特点，是不是谢平研究中国美食的原因。

是的，谢平的另一个身份就是美食家。

2018 年谢平在人民文学出版社出版了《美食中国》一书，该书是俄文版，我只能根据图片辨认书里写到的美食。全书分为两个部分：一是美食地图，介绍了北京、上海、天津等省区市或地区比如东北的美食；二是美食日历，分为节气美食和节日美食。我相信，创作出这部作品不仅需要了解美食，更要了解中国文化。热爱美食的人，一定是热爱文化的人，也一定是热爱生活的人。

谢平说，美食代表文化，是世界观的体现。通过研究美食，他有很多发现。每个菜品都有一个典故，比如沙茶面、过桥米线等。于是，他饶有兴趣地跟我分享"过桥米线"的故事。我不是第一次听这个故事，但是的确是第一次从一位外国人口中听到这个故事，感觉很独特。

《美食中国》的第一版与第二版

谢平在山西采访

　　为什么喜欢美食？仅仅因为自己是个"吃货"吗？不只是这样，谢平研究美食还有另外的深意。他说，由于工作的原因，他经常去外地采访，作为外国人要了解当地情况就要首先从美食入手，这样很快就能和当地人打成一片，让他们敞开心扉。慢慢地，他就了解了更多美食及其背后的文化。

　　从《美食中国》这本书，我看出来他对中国的了解。说到这，谢平很自豪地说，通过一个小程序分析，他去过的中国城市的数量，已经超过了95%的中国人。

勤奋有爱，"好崇拜他"

对世界始终怀抱好奇、对万物始终充满悲悯，用心体察社会冷暖、用爱融化隔阂偏见。这是每个人都应该秉持的一份社会良知与担当。

"谢平是一个非常善良而且胸有大爱的人，我们谈恋爱的时候，他就曾经跟我说：'我做的工作是宣传，我需要让我的国家了解中国。只有两国的关系融洽，两国人民才能和谐相处。'我听了真的好感动、好崇拜他。"谢平夫人这样评价自己的丈夫。无论是在恋人之间还是夫妻之间，彼此欣赏才应是最长情的"告白"。

"他之所以能够获得中国政府友谊奖并且得到俄罗斯大使的亲笔贺信，能够入选于国家'十三五'科技成就展'优秀外国专家'，能够受邀参加国务院总理同外国专家举行的新春座谈会，参加全国两会等这些重大活动，他的个人业务能力和工作成果能被中国政府认可与肯定，究其根本，跟他好学的习惯和对工作的严谨是分不开的。"谢平夫人说，在每次重大会议召开或者活动举办前，谢平都会抱很多书回家看。他的家里有关他工作方面的书摆出来就是一面墙，每年中国领导人的重要讲话、文件与《政府工作报告》及各种大政方针、政策法规只要一发表或者出台，他就立即打印出来边看边做笔记。每天 8 小时工作之外，不管是节假日还是休息，他永远都会关注着新闻，以便得到最新的时政经济要闻，而且一看到有价值的消息，他就会写几篇新闻或者评论文章发给同事。这些年，谢

谢平与夫人

平平均每年都撰写900篇左右的新闻，长篇的报道和评论每年也有100多篇。

集腋成裘，聚沙成塔。显然，日复一日、年复一年的努力学习和辛勤工作必将会成就不平凡的人生。其实，知识不是学来的，知识要靠头脑和心对信息进行加工；文化也不是学来的，文化要靠心和情义对知识进行淬炼。他爱中国、爱中国文化，他爱自己的祖国、爱世界和平发展，我想这应该是他如饥似渴地学习和工作的重要原因。"就是这样十几年的日积月累，他的知识面越来越广，对问题的认识也越来越深刻，头脑里的知识已经形成了一个系统，在这些基础上也就产生高产、高效的工作成果。也正因为他亲身感受着中国日新月异的发展变化，才能对中国发生的各类事件做出客观正确的判断和分析，真正做到用心用情去讲好中国故事，做好国际传播。他的报道经常被俄罗斯媒体广泛转载，让国外的受众了解真实的中国，使中国的形象得到国外受众的正确认识。"

谢平夫人还讲了有关汶川地震的往事。她说，地震发生后第二天，谢平就奔赴灾区，做新闻报道的同时支援俄罗斯救援队的工作。救援队在废墟中救出一名老人，后来这名老人也成了谢平一直以来的牵挂。后来，谢平在胳膊上做了一个"俄罗斯救援队一"的文身，"一"就代表着那位被俄罗斯救援队救起的老人。地震 10 年后，谢平重返都江堰去寻找那位老人，当老人再见到谢平时激动地哭起来，抱着他不放。

谢平报道全国两会

苏东坡是偶像，致力于讲好中国故事

谢平出生于基洛夫。基洛夫原名维亚特卡，其名字缘于流经该市的维亚特卡河，始建于 1374 年，1934 年改名以纪念布尔什维克领袖之一谢尔盖·基洛夫（Sergey Kirov），是俄罗斯基洛夫州的首府。

说起自己的童年，谢平陷在遥远的回忆中。天冷、风大，打雪仗、建城堡，简直和我的童年如出一辙。寒冷，可以让人更理智、更有意志力。这是我对寒冷的理解，谢平也是一样。他说，寒冷可以锻炼人的体魄，也让人的头脑更清醒、内心更强大。他说，当遇到零下 40℃的天气，学校就放假了，但是不能阻止小朋友们在冰天雪地里玩耍。

说到俄罗斯的教育，他说高中毕业后要么上大学要么参军，而且在大学里军训是非常严格的，不是"走走过场"。不仅有体能课，而且整整一个月的时间都在训练体能，还要学习军事战略战术方面的课程。父亲虽然是军人，但是也没有要求他必须参军；母亲是医学专家，也没有要求他成为医生。反倒他自己非常想成为外科医生，但是最后他还是达成了母亲的心愿学了国际关系。"当然，妈妈现在一定后悔了。因为如果不是学国际关系，我可能不会离她这么远了。"谢平苦笑道。

说到崇拜的伟人或名人，谢平说自己的本民族偶像是普希金，不仅是因为他的作品，还因为他有极强的洞察人心的能力且非常富有创造力。而中国偶像是苏东坡，因为他非常有智慧。"还因为有一种美食叫东坡肉吧。"他听了我的话，哈哈大笑，然后又饶有兴致地讲起他眼中的东坡肉。

是啊，美食真是的一种神奇的东西，人人都爱。谢平从遥远的俄罗斯来中国之前，也许从没有想过会有如此多的发现、如此好的体验，他通过美食更加了解并热爱中国和中国文化。作为外国记者、外国专家，谢平说，讲好中国故事不仅是中国记者、中国媒体的事情，也需要外国记者、外国媒体的积极参与。

2020 年，习近平主席在中国国际服务贸易交易会全球服务贸易峰会上的致辞中提出三点倡议，即共同营造开放包容的合作环境、共同激活创新引领的合作动能和共同开创互利共赢的合作局面，并

谢平在北京人民大会堂报道

指出："突如其来的新冠肺炎疫情，在一段时间内阻隔了我们的相聚，但阻挡不了服务贸易发展的脚步，阻断不了我们携手共进、合作共赢的信心和行动！"重温习近平主席的这段讲话，是因为当年谢平是参加哈洽会而了解并来到中国。

是的，新冠疫情虽然阻隔了短暂的相聚，但是阻隔不了交流合作的脚步；战争也许会满足某个国家和某些人的私欲，但是阻挡不了和平的阳光照耀全球。中国在发展，离不开中国人民的付出，也离不开外国专家的支持。共享和平与发展的荣光，全世界需要一起努力！

龙 安 志（Laurence J.
Brahm，美国）：政治经济
学家、律师、导演、制片人，
喜马拉雅共识智库创始人，
联合国开发计划署对话丝路
项目主席，2019 年度中国政
府友谊奖获得者，中宣部中
华图书特殊贡献奖获得者。

9

龙安志

能把中国和美国都说清楚的人

早就想写写龙安志，但是一直没有动笔。因为，他的故事实在太多太丰富了，以至于不知道从哪下笔。同时，我觉得他就是明星，他的故事已经家喻户晓，已经没有写的必要。但是越是这样想，越对这个写作念念不忘。

念念不忘，必有回响。

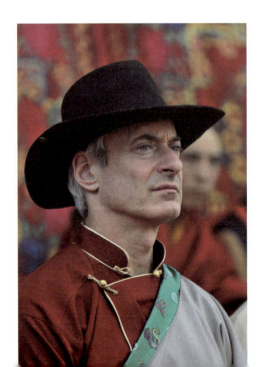

外国专家的中国情缘

龙安志

见证中国40年的变化

是的，我从来没有把他当成外国人。所以，我特别想知道他是如何把自己"变成"中国人的。听了这个问题，他笑笑说："我可能前世是中国人，也可能前前世是中国人，但是结果我现在是一个美国人。我想，这可能由于中美关系的复杂性，需要一个人能够站在两边的角度来协调问题，做桥梁的工作。作为外国专家，我非常荣幸能够在国家外国专家局的帮助下做一些这样的工作。"

40年多前，龙安志作为中美建交后第二批美国留学生中的一员来到中国。"我到达北京机场，天花板上装饰着红色的星星，那时还没有行李输送带，行李就那么被堆成一堆，只能自己去找。走出机场，外面的人们都穿着绿色军装或者蓝色工裤。我用来之前学的蹩脚普通话和人们沟通，我猜他们应该根本没听懂我在说什么，就这么盯着我，好像我是从太空坠落的外星人似的。"龙志安永远不会忘记初到北京时的情景和感受。

许多年来，他已经养成了很好的生活习惯。黎明破晓之时，他就起床，爬上四合院的屋顶练习气功。"当第一缕晨光划过这座古城的老胡同，远处朝阳区的霓虹灯逐渐暗淡下去，这时候，我总会想起过去40年中国翻天覆地的变化，而且我也置身其中，感同身受。"

对于20世纪80年代的中国，尚在孩童时的我的全部印象就是无边无际的田野、大雪和西北风、为生活疲于奔命的母亲，以及灰头土脸的人们。见到的人民币也是以分计，最大的面额是十元。龙安志说，当时中国的经济发展非常落后，物质极度匮乏，人们一无所有，即使是有钱，也没有什么可买的。国营商店只提供蓝色工裤或绿色军裤。如果没有粮票，即使有钱，也买不到米饭或馒头。"每当我去友谊商店花一美元买进口的可乐时，我的中国老师都认为我是'败家'。很快，我也穿着绿色军衣，戴着绿色军帽，背着绿色军用书包去上课。我买了一辆天津产的飞鸽牌自行车，作为外国留学生，我很幸运可以不必等待配额直接购买自行车。另一个特权是午餐中有一小块猪肉，而中国学生的饮食中没有一点荤腥。"

龙安志早年与友人在天安门前

龙安志在演讲

转眼 40 多年过去了，中国在政治、经济、文化、教育等各方面都发生了翻天覆地的变化，取得了巨大的成就。2018 年，习近平总书记在庆祝改革开放 40 周年大会上发表重要讲话，从理论创新、经济建设、政治建设、文化建设、社会建设、生态文明建设、国防和军队建设、祖国统一、外交工作、党的建设等方面总结了改革开放的伟大成就。他强调：改革开放在认识和实践上的每一次突破和深化，改革开放中每一个新生事物的产生和发展，改革开放每一个领域和环节经验的创造和积累，无不来自亿万人民的智慧和实践。习近平总书记还指出，中国改革开放事业取得的巨大成就，外国专家们功不可没。

对此，龙安志作为见证者、参与者、亲历者，感受更深也更为不同。他说，从政治上来说中国一步一步建起来完善的法制体制，中国的政治体制越来越成熟、完善，也越来越国际化、现代化；从经济上来说中国取得了巨大成就，从物质匮乏到极大丰富，并且出口给全世界，特别是市场经济和计划经济的完美结合；从文化教育方面来说中国建设成了高度的精神文明，不仅注重传统历史文化的复兴，还将传统历史文化和现代、现实生活融合。他认为，如果一个国家和人民的文化根基越深，他们的未来也就越光明、越持久。

在国企改革和讲中国故事中找到共同点

龙安志有很多身份，政治经济学家、律师、导演、作家等。他先后撰写出版 30 多部作品，论述中国经济改革、亚洲金融和可持续发展；他参与中国国有企业改革，帮助工厂调整管理架构、清点企业资产，想方设法将债务转化为股权；他深谙中国文化，拍摄《寻找功夫》等纪录片，是一个实实在在的"中国通"；他致力于讲述中国故事，让中国与世界更好地沟通。更难得的是，他在所有的身份中游刃有余，将所有的事情融会贯通。比如，他从参与中国国企改革的经验找到沟通不同文化的方法。

龙安志在拍摄现场

　　看看他作为律师参与中国国企改革的经历和为此做出的重要贡献吧。1994年，那是龙安志来到中国的第四年。他作为走南闯北参与合资企业谈判的年轻律师，深度参与中国国有企业的大规模试验性改革。每当有外国企业与中国国企开启合资经营，这便意味着针对后者的重组工作拉开帷幕。"令我印象最为深刻的是'活力28'，这是一家坐落于湖北省荆沙市（后更名为荆州市）的国有洗涤剂工厂。它是一家典型的国有企业。老板是本地人，名叫滕吉新（音译），心思活络。除生产肥皂和洗涤剂之外，滕吉新还开展了不少副业，比如生产卫生巾、瓶装水及开卡拉OK舞厅和餐馆等。由于大量应收款项无法收回，这家企业负债累累、不堪重负。"与大多数国有企业一样，"活力28"的管理层无心扭亏为盈，工人们也是得过且过。这扼杀了企业的创造力和竞争力，而这两个因素对中国改革开放和参与国际市场竞争至关重要。龙安志说，合资经营谈判经常会在如

137

何裁员这个问题上谈崩。因为，"铁饭碗"的观念在中国人的观念里根深蒂固。如何才能够在不打破"铁饭碗"的情况下释放中国人民的创业精神呢？在德国利洁时集团亚洲区总裁桑杰·班达里（音译）到访"活力28"总部时，问题的答案出现了。当时，中德双方的合资经营谈判已经拖了好几个月，班达里此行希望能够给谈判画上一个圆满的句号。"班达里抵达荆沙市后，滕吉新没有安排他入住酒店，而是用一辆警车把他和我拉到一个人潮聚集的十字路口，那里新建了一座人行天桥，正在举行落成剪彩仪式。滕吉新邀请我们跟他一起走上人行天桥，他满面笑容地向桥下的民众挥手。这座天桥被命名为'活力28'，因为造桥的钱是'活力28'出的。"

当时，一头雾水的班达里问龙安志这是怎么回事，龙安志尝试翻译了滕吉新想要表达的信息，"滕吉新是在想办法打破我们的谈判僵局。'活力28'为荆沙人民建了一座天桥。现在，利洁时必须考虑'活力28'工人们的未来。这一切都是旁敲侧击。他不会在谈判桌上告诉你这些。所以，要通过事实让你自己体悟出来他的意思。这就是中国人的思维和行为方式。"后来，利洁时没有进行大规模的裁员，而是又建了一个合资企业，以提高"活力28"其他副业的产能，比如生产卫生巾和瓶装水，虽然这些与利洁时的主业洗涤剂毫不相关。在"活力28"进行的这场试验被当作中国国有企业改革的典范，其股权投资基金成为全国性的下岗工人再就业计划的一部分。但是，龙安志坦言："当时我们没有意识到，我们正身处一场重组中国国企的大规模试验的前沿。与此同时，中国的国企改革不断深入，随即迎来了朱镕基总理1998年开启的新一轮改革。"随后，龙安志还经历了 1997 年在安徽省的改革。当时，安徽省被选为四大行业工业企业改革的试验场。龙安志受邀担任一个小组的负责人，小组成员包括来自国家层面和安徽省政府不同部门的代表及东欧专家，他们分享了后苏联时代推行的类似改革的经验，以及考察了钢铁、水泥、化工和化肥这四大行业的大型工业企业。他们发现，每家企业都背负着巨额债务且债务情况错综复杂。而且中国国有企业负责工厂职工与干部的住房、医疗和退休，基本涉及生活、社会、物质福利等方方面面，这似乎是中国从计划经济向市场经济转型期间必须面对的挑战。然而，在 20 世纪 90 年代的全球化竞争中，中国企业必须要摆脱这些沉重的社会重担，同时实现从医疗到教育、从住房到保险的全面商业化。因此，1998 年中国开始对国有企业和整个社会构架进行重大调整。医疗服务的商业化和养老基金的引入意味着改组保险业。"而这又要求进行全面金融改革。这件事情太复杂了，只有按顺序调整链条上的每一个环节才能解决。"龙安志说。正是有过亲身经历，他深知由于中国人口多、国情复杂，要干成一件事会多么不容易。我想，正因为如此，近些年来，龙安志致力于讲述中国故事，让国际社会了解更加真实、立体、全面的中国。所以，当我问他，在所有的身份中，他最喜欢哪个身份时，他毫不思索地回答：导演。

　　在众多头衔和身份中，龙安志最喜欢导演这个身份。最近几年，他以香巴拉工作室的名义拍了很多具有鲜明中国特色的纪录片，比如《寻找功夫》。"我最喜欢当导演，因为我可以用艺术比如电影的方式来解释很多历史文化，包括表达很多未来的思想和想法。"

他认为，电影是一个能够跟世界各种民族、各国人民沟通的手段和方式，他希望能够跟中国的宣传机构、媒体有更加密切的合作，以帮助他做好国际沟通的桥梁。

纪录片《寻找功夫》
拍摄现场

谈到如何讲好中国故事、传播好中国声音，真正向国际社会展现一个可信、可爱、可敬的中国形象，他认为，中国的宣传部门和媒体必须改变思维方式。如果都是用中国人的思维方式告诉外国人中国的故事，或者即使请了外国专家也要求他们按照一个模板来解释中国，那么这样还是达不到中国对外传播的效果。就像当初他参与"活力28"中德合资经营谈判一样，要做到知己知彼。他说，《孙子兵法》一书中写道，百战百胜，必知己知敌。但是，中国一直在输掉赢得外国人心的"战役"，这是因为中国媒体不了解外国人的想法，不能影响外国人，更不能说服他们。因此，要"讲好中国故事、传播好中国声音"，首先得了解外国人想了解什么东西，然后再嵌入他们的思维方式，这个是关键。"为什么我拍《寻找功夫》，用那么多功夫的故事来谈中国，因为他们感兴趣。我得首先要抓住他们的兴趣点，如果他们不感兴趣，我们说什么都没有效果，而且在中国功夫里可以介绍很多中国文化和价值观。因此，要想影响他们，就必须知道怎么抓住他们的兴趣。"龙安志现在写了一本书，也是关于功夫的。他说手里有很多关于功夫的电影剧本，现在急需资金的支持。他想推动中国新时代的"功夫外交"，就像当年的"乒乓外交"一样。

关于中国对外传播的内容，龙安志总结了几个方面：一是要了解观众想要什么，他们的兴趣点是什么；二是通过外国人做比通过中国人做更有说服力，借用"外嘴""外笔"；三是让官方媒体以外的制作机构制作内容，并建立不与政府公开联系的新鲜媒体平台以创造中立形象；四是长期生活在中国的外国人制作内容、搭建平

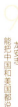

台来影响世界效果更好。关于中国对外传播的方式，龙安志总结了三点：一是有趣的方式，二是以外国人可以理解的方式，三是以其价值和真实性令人信服的方式。

在中国，所有的生命都有价值

新冠疫情对全球经济造成巨大冲击，由此引起世界经济新变局。对于中国抗疫，一段时间出现了不同的声音，说中国应该像西方一些国家那样"躺平"。有一种声音，说抗疫影响了经济社会发展。我非常想了解，龙安志这位政治经济学家是如何算这笔账的，他如何认识中国的疫情防控措施。

2020年春节前夕，也就是疫情暴发初期。龙安志和家人一同飞回美国，准备和在美国读书的儿子团聚。本来计划在美国待十几天就回来工作的他，却由于疫情形势的迅速升级而留在了美国。"其实我在春节的时候就到了美国，因为二儿子在洛杉矶读大学，家人就想在春节一起聚聚。所以，我在1月24日到了美国，基本上2月份我在美国。"正是这段经历，让他感受到这场疫情给两国社会带来的变化。龙安志说，当中国已经对新冠病毒严阵以待时，美国民众显然还并不重视，认为疫情就是一场感冒，中国不应该采取隔离措施，大家都可以互相见面，这样对大家的情绪更好。他说，这是因为美国人一贯都是从个人、自我的思维方式来考虑问题。

如果我们不够健忘的话，2020年3月初是中国疫情最严重的时候，也有中国人跑到国外去"避难"。但是就在那个时候，龙安志回到了中国，并按照要求配合隔离。据我们当时了解的情况，有很多外国专家没有撤侨而是选择留在中国，比如中国政府友谊奖获得者、江汉大学副教授萨拉·普拉托（Sara Platto）就坚守在武汉。她还把在疫情期间的经历写成了一本书，叫《早安，武汉》。还有的专家和龙安志一样，疫情中逆行回到中国，为中国带来抗疫物资。他们为什么这样做？正如龙安志所说，此次新冠疫情在中国武汉地区暴发后，让他首先想到的是2003年的非典疫情。他曾经经历过那段时期，因此深信中国政府有经验、有决心、有能力解决这次危机。事实上，中国也确实做到了。他认为，中国能够在短时间内控制住疫情，离不开中国政府对疫情的信息公开，以及自上而下高效协调的动员机制。"在中国，很多事情都能够落实到底，落实到每一户，每一个胡同里，每一个村子里，这是体制的功能和体制的效率。这个系统是很有中国特色的。"龙安志还深切感受到，中国人民这种克服疫情危机的能力也反映了一贯的"大家"精神。因为，每个人不只是考虑自己，还要考虑大家，考虑每个人。而且，中国不仅自己抗疫，还帮助了世界上很多国家和地区一起抗疫，这就是中国不仅只考虑自己还考虑全世界，这就是人类命运共同体，这就是一种文化。

"在美国，形成不了一种协调机制。各州有各州的决定，各城市有各城市的决定，各医院也有各医院的决定，他们无法统一，也就无法协调。而且很多人不管别人，认为这是我的自由，我可以去玩，可以跟朋友聚会。更为糟糕的是，在这个时候大家不是团结起来解

龙安志参加中国国庆庆典

决问题，而是把疫情政治化，你戴口罩、不戴口罩都代表你是靠哪个党或者哪个思维方式、意识形态。"龙安志的分析可谓鞭辟入里。反观，"在中国，所有人要隔离，所有的生命都有价值，不管你有钱、没有钱，都是平等的。我知道在武汉有些90多岁的老人家也被救了。但是西方是什么观点？有钱的人可以治病，年老的人就不用治疗了。因为有的国家觉得，年轻人以后可以为社会赚更多的钱，缴更多的税。"龙安志都禁不住说"这是什么逻辑"！

龙安志不愧是"中国通"，对中国文化熟稔于心。比如他对"危机"的理解。他认为，后疫情时代的中国会更多地投资在医疗、卫生领域。"社会和企业在很多方面都会有一个很大的变化，但是反

外国专家的中国情缘

过来说，这些事情都是经济发展的一个新的模式。正如'危机'这个词有两个部分，一个是危险，另一个就是机会。我们脱离这次危险，会有更好的机会。"因此，他认为，中国能够成功控制疫情，是因为中国文化骨髓里的一些因素。比如，第一个是政府以人为本，而中国人民受孔孟思想的影响，也是拥护政府的；第二是受中国传统哲学佛家思想的影响，很多人知道要学会放弃自我，才能为大家好，个人要服从集体，要有大局观和集体意识；第三是道家思想在起作用，人们可以接受并会很快适应疫情带来的种种变化。因此中国能很好地控制疫情，这是文化的力量。

文化的力量无处不有、无处不在。但是他更希望，新时代的中国能更开放，比如如何"聚天下英才"，不仅要有雄心壮志，还要完善相应的政策机制。龙安志认为，美国能够吸引全世界最顶尖的人才，是因为美国有非常完善的移民政策。相比较而言，中国的"绿卡"是最难拿的。

龙安志是导演、是明星导演，是美国人、是中国美国人。40多年来，他孜孜不倦地行走在中国广袤的土地上，从西藏拉萨到北京胡同，从城市到乡村，从政治经济到历史文化，从幕后谈判到走进镜头……他已经把自己深深地融进中国文化。比如，2002年在国务院新闻办公室的支持下，他开展了"寻香格里拉"考察活动。三部纪录片《寻找香格里拉》《神山对话》《香巴拉经文》及三本同名图书，一起获得国际赞誉。2018—2021年，他又推出了三部纪录片《寻找莲师》《莲师归来》《空行母密码》。这些电影介绍了中国的藏区和"一带一路"的故事，获得了十几个国际电影节奖项。它们在寻找传说中的

龙安志在香格里拉

龙安志在喜马拉雅

莲花生大士的历史证据中，展现中国藏传佛教丰富多彩的文化人物，并将中国传统哲学与科学联系起来。他说，世界各地的人们通过他们的旅程体验到中国藏区保存完好的优美自然环境、文化多样性和可持续性。

是的，就这样，那些人对中国还有什么不好的话要说吗？！

普隆金娜·奥莉娅
（Pronkina Olga，俄罗斯）：
甘肃政法大学教授，甘肃省
人民政府外国专家"敦煌奖"
获得者。

10 普隆金娜·奥莉娅

一个敦煌的『外国女儿』

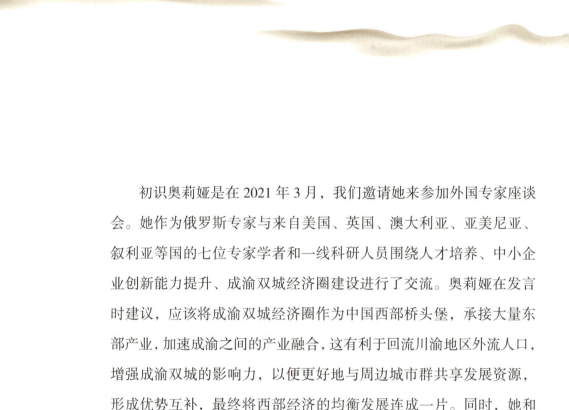

　　初识奥莉娅是在 2021 年 3 月，我们邀请她来参加外国专家座谈会。她作为俄罗斯专家与来自美国、英国、澳大利亚、亚美尼亚、叙利亚等国的七位专家学者和一线科研人员围绕人才培养、中小企业创新能力提升、成渝双城经济圈建设进行了交流。奥莉娅在发言时建议，应该将成渝双城经济圈作为中国西部桥头堡，承接大量东部产业，加速成渝之间的产业融合，这有利于回流川渝地区外流人口，增强成渝双城的影响力，以便更好地与周边城市群共享发展资源，形成优势互补，最终将西部经济的均衡发展连成一片。同时，她和与会的外国专家均对中国的新冠疫情防控能力给予了高度的肯定，并表示即使在疫情期间，他们的工作和生活均能有序进行。奥莉娅的观点不仅让人印象深刻，她的汉语更是令人惊艳。因此，我记住了她。

点赞"红色井冈脱贫之路"，
为井冈山"带货"

从成都回来后，我们就与中国科协调研宣传部策划组织外国专家开展国情调研考察活动，以加深在华外国专家对中国政策、国情的认识，对中国革命历史、科创环境、生态文明建设的了解，做好外国专家联系服务工作，庆祝中国共产党成立100周年。在遴选专家的时候，我们首先想到奥莉娅，她心思细腻，热爱中国文化和历史，汉语水平高交流畅通，有想法又擅于建言，因此我们决定邀请她继续参加我们的活动。2021年5月10—14日，由科技部国外人才研究

普隆金娜·奥莉娅

中心与中国科协调研宣传部主办、江西省科技厅协办、中国科学学与科技政策研究会承办的以"讲述中国共产党故事"为主题的外国专家国情调研考察活动在井冈山、瑞金、赣州等地举行。奥莉娅和来自日本、意大利、丹麦、叙利亚等国家的外国专家共同参加了国情考察系列活动，他们实地参观了叶坪革命旧址群、红井旧址群、长征出发地纪念馆、于都梓山镇潭头社区习近平总书记考察路线、科技史料馆、科技创新园区及福寿沟博物馆、江西客家博物院等地，更深入地了解中国革命历史、当地科技创新发展和历史文化，参加外国专家座谈会，为当地经济社会发展建言献策。

奥莉娅在井冈山革命博物馆

奥莉娅在挑粮小道

奥莉娅在长征渡口

这次我有机会和奥莉娅有了更多接触与深入了解。她也是我第一个近距离、长时间相处的外国友人。我们感到没有任何距离与隔阂。她的性格直率爽朗，热情善良，就像一位老朋友、同学或者闺蜜一样，我们在一起的几天无话不说。最让我感动的就是她对中国革命和中国成就的认识，为中国的脱贫故事点赞。

井冈山位于江西省西南部、湘赣两省交界的罗霄山脉中段。90多年前，毛泽东、朱德等老一辈无产阶级革命家怀着梦想和希望来到这里，用生命和鲜血探索开辟出了一条以农村包围城市、武装夺取政权的中国特色革命道路，孕育了伟大的井冈山精神，中国革命从此走向胜利。井冈山也因此被誉为"中国革命的摇篮"和"中华人民共和国的奠基石"。党的十八大以来，尤其是2016年习近平总书记视察井冈山以来，井冈山牢记习近平总书记"井冈山要在脱贫攻坚中作示范、带好头"的殷切嘱托，紧紧围绕"精准、落实、可持续""抓实抓细，经得起检验"，以及"保障措施、实际收入、长效机制'三个到位'"等要求，始终把脱贫攻坚作为头号政治任务来抓，开创出一条红色井冈脱贫之路。一是"有能力"的"扶起来"，根据贫困群众的致富意愿、劳动能力的实际，有针对性地制定帮扶政策和措施。二是"扶不了"的"带起来"，针对部分贫困群众缺乏劳动能力、难以自我发展的实际，由政府帮助贫困群众以产业扶贫资金入股，大力引导当地龙头企业、农民专业合作社和致富能人、党员干部发展多种农业产业。三是"带不了"的"保起来"，聚焦完全丧失劳动能力的贫困群众和因病、因残、因缺乏教育等致贫的贫困群众，在落实国家普惠性社会保障政策的基础上，由井冈山市本级财政掏腰包，叠加实施相应的差异性保障政策。四是"住不了"的"建起来"，实行差异化奖补政策，全力消灭危旧土坯房。五是"建好了"的"靓起来"，坚持全域规划，大力推进镇村联动和美丽乡村建设。2017年2月26日，经国务院扶贫开发领导小组评估并经江西省人民政府批准，井冈山正式宣布在全国率先脱贫。井冈山用改革思维和创新办法推进精准脱贫工作法，被评为2017年中国改革年度十大典型案例，全国各地来井冈山学习交流脱贫工作的考察团有1200多批次。2018年，井冈山市荣获全国脱贫攻坚组织创新奖，井冈山脱贫攻坚实践的成功案例参展"决战2020脱贫攻坚展"。2020年年底，井冈山市实现所有建档立卡贫困户全部脱贫，贫困发生率由2014年的13.8%降为0，贫困户人均可支配收入由2014年的2600元增长至12574元。今天的井冈山，按照摘帽不摘责任、摘帽不摘政策、摘帽不摘帮扶、摘帽不摘监管"四个不摘"的要求，进一步强化责任落实、工作落实、政策落实，不断完善脱贫长效机制，切实巩固脱贫成果，努力实现"红色最红、绿色最绿、脱贫最好"目标，为革命老区高质量发展探索经验、做出示范。

通过调研、座谈，随着对井冈山历史和现在的深入了解，奥莉娅和其他专家都一致表示，他们"来到江西调研考察，更是来到这里受教育"。在外国专家座谈会上，他们积极为当地的经济社会发展贡献智慧和建议。奥莉娅认为，中小企业尤其是创业型、科技型中小企业才是直接进行技术创新的主角。另外，要充分发挥归国创新、

奥莉娅与肖刚（丹麦）、王可维（叙利亚）、罗杰威（意大利）在长征源红军小学开展科普讲座

创业人才的智慧，给他们展现作为的国家级平台。同时，作为调研团中唯一一位女性专家，奥莉娅充分展现了一位女性"买买买"的特质。她出色的中文，让当地老乡以为这位俄罗斯美女教授来自新疆。她不仅是走哪买哪，还边买边吃。她说，井冈山的东西绿色无污染、物美又价廉。她不仅手里拿着、肩上扛着，还主动加山货店里老板的微信，说回到甘肃后要继续支持井冈山、给井冈山"带货"。特别让我动容的是，我们在井冈山革命博物馆参观时，奥莉娅听到吾若兰的革命故事时，流下热泪。在长征源红军小学进行外国专家科普课堂时，奥莉娅在接受了学生们给她佩戴红领巾之后这样感慨："我出生在苏联，但是长在俄罗斯，上学时苏联已经解体，以前的这些红色文化全部要结束。可是，我们的老校长当时坚持了 10 年，一直让我们穿上学校的服装，戴上红领巾。所以昨天孩子们给我戴的红领巾，我要一直把它保存好，回到家，我一定把红领巾送给我的孩子，因为他上的是中国的学校，他也是中国国籍。"

学习汉语，想成为敦煌的"外国女儿"

敦煌，自古便处于丝绸之路的交汇之地，以其极为重要的地理位置与东西方文化的交融被称为丝绸之路上的璀璨明珠。我对敦煌的了解却是从奥莉娅开始的。在外国专家座谈会后，2021 年 3 月 31 日下午，奥莉娅又受邀来到四川省大邑县韩场学校，为六年级的孩子们带去了一场公益科普课堂。她给孩子们介绍了敦煌莫高窟这座佛教艺术宝库。我有幸也在现场聆听她的讲座。

奥莉娅在公益课堂上介绍敦煌

　　奥莉娅的课堂非常生动，做到了深入浅出。"同学们知道敦煌在哪吗？""谁发现了莫高窟？""丝绸之路从哪里出发？""敦煌有什么？"……同学们在奥莉娅的描述中走进了那座遥远而神秘的文化和艺术的圣殿。她向同学们讲述了1600多年的莫高窟所经历的是一个被发现、被掠夺再到被保护的历史，以及在这漫长的1600多年里不同时代、不同文化的影响使得735座石窟各具特色，而这也成为了莫高窟珍贵性的所在。最后，奥莉娅告诉同学们要学会了解、认识、爱护自己本民族的文化，并且列举了那些保护莫高窟的奉献者们，有因为被敦煌壁画吸引而回国建立敦煌研究院的常书鸿先生，有国家荣誉称号"文物保护杰出贡献者"获得者樊锦诗女士，还有敦煌文献研究者郑炳林院士。"中国的百年变迁让你们拥有了现在的生活，你们也更应该珍惜现在的生活，做文明自信的中国人。"奥莉娅这样鼓励同学们。她还向同学们展示了莫高窟中的动物，其中象征着诚实守信、正义善良的九色鹿是奥莉娅教授最喜欢的动物形象，她带同学们一起读了莫高窟257窟壁画中九色鹿的故事，并邀请大家动手设计书签与自己交换九色鹿签名图片。一张张书签与九色鹿签名图片是奥莉娅从甘肃给同学们带来的小礼物，这个细节让我感动。她祝愿同学们"像九色鹿一样跑得快、跳得高"，也约定"以后在甘肃相见"。

为奔赴一个约定，是一件多么美好的事情。我相信在不久的将来，四川省大邑县韩场学校的同学一定会去甘肃、看敦煌，也一定会因为敦煌而更加喜爱中国文化。比如我，也许就是因为一份惭愧，而一定要写下奥莉娅的故事，让更多人包括中国人可以从一位俄罗斯专家的视角和故事里看中国、感知中国。

那么，我们也许会以为奥莉娅是因为敦煌来到中国的。当我们深入地交流了以后，我更加钦佩这个姑娘。

"2006年我通过一个学术活动认识了我的母校奔萨国立大学最优秀的中国学生，他学习认真，俄语水平特别高。后来，我们又一起参加学生活动，慢慢地就熟悉起来了，后来关系越来越紧密，就开始谈恋爱了。"是的，她来中国是因为爱情。"他研究生毕业，我们回到中国。因为他就是兰州人，所以我们开始在甘肃生活工作。"爱情的确很美好，但是爱情不能当饭吃。刚来中国时，奥莉娅遇到的最大的问题就是不会说汉语。"因为我先生的俄语非常好，在俄罗斯也不用说汉语。但是到了中国，发现如果想要长期在中国发展就要学习汉语。在工作和生活中如果不会汉语，会很不方便也很不舒服。我不像其他外籍教师，他们有的是短期的，而我是要长期在中国生活和工作的。"所以，奥莉娅下定决心，要从各方面提高自己，首先要好好学习汉语。尽管学习的过程非常缓慢，需要投入大量的时间和精力，她说现在来看这个决定是对的，虽然"过了十年才发芽"。正是因为学习汉语，奥莉娅才能更深入地理解中国文化。语言，不仅是交流的工具，也是实现跨文化沟通必不可少的手段。

但是奥莉娅学习汉语的道路并不是平坦的。她说，开始她对学习汉语是有点排斥的。因为先生的俄语好，她又教俄语，所以她认为不一定要学习汉语。在这个过程中，有四个人给了她鼓励和动力。一是先生的父亲，也就是奥莉娅的公公鼓励她学，亲自给她买来工具书；二是一个超市的服务员，因为有一次奥莉娅挑了一堆好吃的却因为语言问题付不了款；三是学校的一位阿姨，因为奥莉娅让她帮忙复印文件却表达不清楚而笑弯了腰，奥莉娅立志要学好普通话，超过这位只会说兰州话的阿姨；第四人就是她自己。她给我拍来照片，一书柜的教材。她坚持每天写汉字，就像每天洗脸一样。"不洗脸不舒服，不写汉字也不舒服。而且我发现学习汉语以后记忆力越来越好。学习汉语都是利用工作之外的时间，早上醒来就读、中午休息就看，而且把学到的东西和同事们及时交流、使用起来。错了就错了，一遍一遍地练习，总有说对的时候。我还要让学到的内容从别人的口中说出来，这样挑战自己的听力，还坚持听《新闻联播》，因为他们说的是普通话。"

正是因为有了很好的语言能力，奥莉娅才能读懂并领会书中的思想，也有机会参加各种人文交流活动。比如，2012年兰州城市学院张飞鹏教授为她俄罗斯母校的留学生教授武术。学校国际处就安排奥莉娅做翻译，由此她就认识了张教授并跟他学习武术。后来奥莉娅又认识了他的父亲张鸿谋，张老先生不仅收奥莉娅做了干女儿，还教她中医和武术。从那以后，奥莉娅在生活中处处应用中医，还给远在俄罗斯的母亲寄中药，母亲用得很好也很开心。还比如，2016年、2017年她先后两次作为甘肃文化翻译中心译员，全程参与并完成了甘肃省首届和第二届敦煌文博会的前期笔译及活动期间各类翻译工作。这两次经历让她感受到敦煌壁画所呈现的"墙壁上的图书馆"中蕴藏的历史、艺术价值有种无法抗拒的魔力，心也随着认识敦煌而真正走进了敦煌。她说："我从课本中知道了敦煌，来到中国后结缘了敦煌，通过参与敦煌的相关工作，我获得了很大的成就感，是敦煌让我明白了自身的价值。可以说，不是我选择来到甘肃敦煌，而是它好像早已选定了我。我一定要尽自己的努力多为敦煌做一些事情，我想成为敦煌的'外国女儿'。"

奥莉娅担任敦煌文博会同声翻译

奥莉娅在甘肃省博物馆查资料

推崇劳动教育，对中国教材有话说

　　和所有的外国专家一样，她在来中国之前，往往都是通过图书和文字了解中国，并且对中国有刻板印象。"我来中国之前就知道中国有很多古老的文化和文物，中国应该到处都是古老的建筑。"但是当 2009 年 8 月奥莉娅随男朋友降落在北京机场的时候，她感到很震惊。中国完全不是她想象中的样子，到处都是高楼大厦，一派崭新的气象。她说，有点小失望，因为作为喜爱中国文化的外国人，非常想看到中国古代的建筑。"幸好第二天，我先生带我看了故宫和长城。我到了长城，不敢相信有这么伟大的建筑。那天我们走了一整天，也不觉得累。我非常高兴，感觉自己很棒，我来到了中国！"从奥莉娅的语气中，我分明听出了那份骄傲。她的确很棒，不仅嫁给爱情、来到中国，还切身领略了中国深厚的文化。当然，我知道，长城仅仅是开始。

　　还比如，来中国之前，她还有一个非常可爱的想法，认为中国人都长得一样，跟中国人认为外国人都长得一样是一个意思。"但是我来到这儿发现，中国人还是不一样的，通过学习汉语了解到中国是个多民族国家。还有，我以为中国人都会武术和书法，来到以后发现不是这样的。"

　　每次提到奥莉娅，我的头脑里就会闪现诸如勇敢、勤奋、美丽、可爱、善良这样的词语。比如，她的善良在这件事情上又体现得淋漓尽致。我问她，"能不能谈谈在甘肃工作这么多年，最让你难忘

奥莉娅与塔吉克斯坦阿卜同学的毕业合影

的人和事。请讲一两个人和两三件事。"她说，到 2022 年 8 月，她已经在中国生活了 13 年，难忘的人和事非常多，只说几个人对别人不公平，只说几件事情也不合适，因为难忘的事太多了。总的来说，就是中国人民很热情，对外国人很友好。

奥莉娅现在是两个孩子的妈妈，因此非常重视对孩子们的教育。她来自俄罗斯，而她的两个孩子现在在中国文化的熏陶下成长，在孩子的教育方面难免会比较两国文化和教育。她认为，中国文化和俄罗斯文化各有魅力，也有很多相通的地方。比如中国有很高的文学成就，也保留了很古老的文字，我们能看到几千年前的文字和思想，这是很有趣、很难得的。但是，中国文学著作对外翻译得不够，全世界对中国文学的了解还很不够，所以她认为现在的任务是让世界上更多人了解中国文学和文化。对于教育，她非常关心小学教材的内容和课程，有时候会看孩子们的教材。"我觉得他们的教材不够成熟，书里的故事非常简单。如果在俄罗斯，这种故事在幼儿园阶段就完成了。现在很多大学生的思想不够成熟，就是因为从小读的书和学习的教材不够成熟。但是教材里的汉字却很难，在小学阶段的孩子根本不能理解和消化。故事简单、思想性差，用字却很难，这是一个矛盾。当然也许我是外国人，对汉字的理解和学习还比较吃力。"对于奥莉娅提到的问题，我也感同身受。的确，孩子们使用的书本包括教材与课外读物都存在文字过于生涩和华丽，而缺乏思想和哲理的问题。我们应该对教材进行反思。奥莉娅还提到，中国应该重视学前教育，降低收费，提高质量。私立幼儿园较多，条件也好，但是费用太高；费用低些的幼儿园，条件又比较差。所以，她希望中国政府可以给予幼儿园更多支持。

奥莉娅还对中俄教育做了另外一个对比，也非常有意义。她说，不希望孩子从早到晚都在学习，他们应该多运动。比如孩子们的寒暑假安排，不能只交给父母、托付给作业、刷卷子和试题。我们应该让孩子们有更多的时间读一些思想性比较强的书，要多运动，提高孩子们的想象力和身体素质。可以给孩子安排农活儿，比如种地，还有安排家务。学校也应该参与孩子的寒暑假生活。"我在大学工作有寒暑假。但是没有假期的家长怎么办？很多孩子就交给爷爷奶奶了，如果整个假期只是老人陪着的话，就会耽误了孩子的教育。我在俄罗斯上的是很普通的学校，但是我们放假的时候，没有作业，就是读书、做实验，帮父母做农活儿，帮学校种地，到秋天还会收菜。

这个过程是很快乐的。通过种地让学生们有责任感，比如如果不浇水，花就干了，就没有菜了，那在食堂吃什么呢？这就是通过肚子教育孩子们的责任感。"

从事抗疫志愿服务，期待安定和平

2021 年 11 月 30 日，国际人才交流杂志微信公众号推送了一部甘肃政法大学拍摄的关于奥莉娅参与抗疫的短片。在短片中，我们看到她居家给学生们上网课的情景及她对中国抗疫的认识。她说，中国和俄罗斯的抗疫政策不一样，中国做得这么严格是完全对的。听俄罗斯的家人说，因为疫情，有不少人去世了，包括年轻人。这对一个家庭来说是一件很悲伤的事情。在中国每个家庭都在乎自己的家人、每个单位都保护自己的员工，这是最好的结果，真的要给中国点赞。

在抗疫过程中，奥莉娅被防疫人员感动，也加入了社区抗疫志愿者的行列。还自学视频拍摄、剪辑，留下了兰州人抗疫的感人瞬间，在接受中外媒体采访中积极宣传中国抗疫经验和精神。当远在俄罗斯的家人知道她在中国很安全的时候，奥莉娅的妈妈、姐姐和侄子、侄女都发来视频，感谢中国对奥莉娅的关心和照顾。"她是丝路法律文化传播的使者，是甘肃政法大学校园里一道靓丽的风景线。"奥莉娅的同事这样形容她。

奥莉娅组织来华留学生活动

　　因为疫情，她已经很久没有回俄罗斯看望家人了。但是奥莉娅说，除了这些，其他都很好。因为她的工作很好，家人也很好。她的生活非常丰富，每天都有好多事情要做，要处理家里的事情和孩子们的事情。这样她也有更多机会了解中国，了解更多优秀的地方。近几年，中国在生态、社会安全、教育等方面也做得很好。当然，中国的发展是不平衡的，有的地方快点有的地方慢点，但是都在进步，老百姓很勤劳很爱自己的国家。新中国成立后，中国取得的这么多伟大的成就，就是中国人民团结的力量。"有时候我经常听说，中国人多，很多事情不好办，但是人多力量大又很团结，好办事啊。"她说，中国人生活的水平越来越高，经常和自己的家人、朋友说她家里的情况、工作的情况和甘肃的情况，他们很放心很感恩。

当我问她未来的打算时，她说，会继续在中国工作生活，为了中国文化传播继续努力，为了中俄友谊继续努力。最大的期待就是平安、和平。

王

可

维

　　王可维（Asad Khalil，叙利亚）：律师，阿尔及利亚特莱姆森大学教授，四川外国语大学教授，"一带一路"重庆国际战略研究院成员，西南政法大学国际恐怖主义研究中心成员。

11

王可维

每个人都有两个国家，他自己的国家和中国

他叫阿萨德·哈里勒（Asad Khalil），中文名字叫王可维。每次看到这个名字，我就想到王国维。

认识他，是在 2018 年 5 月清华大学举办的"我与外教"全国征文大赛颁奖典礼的现场。他不是登上舞台的嘉宾，而是站在舞台下面为登台演讲的嘉宾做翻译。

王可维

他流利的汉语令人惊艳。更令人惊艳的是，他在现场提供翻译的对象是荣获 2017 "外教中国"年度人物的他的母亲，他的哥哥也在台下一丝不苟地为母亲照相。他们来自叙利亚。

知识和教育是实现卓越生活的关键

叙利亚对我们大多数人来说，是一个比遥远还要遥远的地方。关于那里的想象，除了神秘还有战火。我很想知道王可维的童年是什么样的？是每天耳边都是炮火声吗？梦里也有瓦砾吗？王可维是"阿萨德"法学博士，四川外国语大学教授，也是中东和北非地区（MENA）的持牌国际律师。他有两个学士学位，一个是管理学学位，一个是法学学位（国际法方向），硕士和博士学位都是法学专业。他在学习和在中国工作期间，参加了数十次学术会议并发表了大量论文。除了母语阿拉伯语，英语、汉语、俄语他也都说得非常流利。

王可维的家乡是拉塔基亚，那里是腓尼基文明的首都，世界上第一个字母的诞生地，也是通往地中海中东地区的门户，还是历史悠久的丝绸之路的主要目的地之一。此外，该地也是中东地区最古老的旅游城市之一，由于其绿色的森林与蓝色的海滩和绵延的沿海山脉相结合而被称为"地中海的新娘"。

身为叙利亚人就意味着，他的祖国是文明始于公元前 10000 年的国家，是"文明的摇篮"。首都大马士革是世界上现在最古老的有人居住的城市。叙利亚被认为是古代和现代的桥梁，是亚洲、非洲和欧洲之间的地理连接点。我想，这就是全世界都在"争夺"叙利亚的原因之一。

在这样一个具有悠久、灿烂历史和美丽自然风光的地方，王可维和两个哥哥、一个姐姐度过了简单、美好的童年。由于他是家中最小的孩子，所以似乎一直没有离开童年，"这让我一直年轻，我从未被宠坏过，我喜欢冒险。我是家里最年轻的人可能让我更自信，更具社交能力，更善于解决问题。我的父母教导我们要重视家庭关系，尊重长辈，并为任何需要的人提供帮助。"王可维成长在一个和睦的家庭，所以他的家庭责任感很强。他说，他们在假期经常探访亲戚，帮助妈妈做家务，在其余的时间和童年的朋友、同学一起踢足球。与那些无论在家乡工作还是在世界其他地方工作的朋友，都保持着良好的关系和密切的联系。

他最终的职业选择也来源于同学的"推动"。王可维在高中时是一个中规中矩的好学生，严格遵循学习时间表。后来有两个高中同学说服他一起逃课去听阿勒颇大学法学院的讲座。因为他们看起来比实际年龄大，法律教授很难认出他们只是高中生。在那里，王可维开始了对法律专业的热爱，"因为它能让我意识到我身处的世界正在发生什么"，好奇心是他打开法学大门的钥匙。于是，他向自己承诺要更加努力学习加入法学院，在未来的某一天成为律师。虽然他专攻的是国际法，但是依然对其他的法律规范保持热情，在

王可维参加学术会议

自己专业外的法学分支方面也都有涉猎。当时怂恿他逃课的两个同学，一个是叙利亚著名的律师，另一个是大马士革刑事法庭的法官。

父母给他们自由，但前提是必须要努力学习，成为卓越的人。"在大学学习期间，我必须实现父母唯一的梦想——一个我们必须完成的任务：获得博士学位，他们每天督促兄弟姐妹和我实现它。他们用尽所有的时间、资源和爱来鼓励我们接受最高等教育。"有什么样的父母才会有什么样的孩子。负责任的父母都会倾注全部心血让孩子建立梦想，找到自己的人生路线图，并督促他们梦想成真。王可维说："他们告诉我们要努力学习和工作，专注于知识并相信自己。我们从他们那里学到了如何欣赏家人，互相支持。他们告诉我们，知识和教育是实现卓越生活的关键，也是实现其他目标的关键。他们没有要求我们生活富裕，做生意，或购买房屋或汽车，他们唯一的要求就是获得高学历带来的知识，一旦我们这样做了，我们就有了打开成功之门的金钥匙。"

阿拉伯文化中最优秀的部分，我认为就是珍视历史文化遗产并不断地学习、吸收和保存。公元9—11世纪，阿拉伯掀起了在世界文化历史上有着深远影响的翻译运动——阿拉伯翻译运动。这一人类翻译史上的伟大工程，既让人类古典文明的辉煌成果在中世纪得以继承，又为阿拉伯文化的发展奠定了较为坚实的基础。我们知道，在地理上，阿拉伯联系了东方和西方；在文化上，阿拉伯在东西方之间承当了科学文化交流的桥梁——中国、印度的科学文化有很大一部分是通过阿拉伯传入欧洲的；在历史上，阿拉伯文化对欧洲科

王可维与哥哥王鹰、姐姐王玲参加外国专家座谈会时与本书作者合影

学的发展也起了承上启下的作用，阿拉伯人在欧洲文化凋敝的时期从被他们征服的亚历山大里亚、大马士革等地搜集古希腊典籍，还从拜占庭购买古希腊手稿并翻译成阿拉伯文。这种基因一直渊远流长，从王可维和他的家庭中，我们清晰地看到了阿拉伯文化的精髓。他说："我始终认为，教育是通往未来的护照，是生命，是生活的价值。运气、财富、幸福是每个人都希望拥有的，当然越多越好，我相信教育是实现这些目标的最佳和最简单的方法。生于贫穷，缺乏运气，或者生活不快乐并不是一种耻辱，但死于这样的生活是可惜的，是错的。教育帮助我更好地思考，更聪明地思考，更美好地思考。一旦我们接受了教育，我们就会变得更明智，而明智才是性感的新概念。"

为中国的"家文化"所深深吸引

冷酷的现代战争让叙利亚千疮百孔，震耳欲聋的枪炮声和滚滚的战火硝烟遮蔽了多少绚烂与光芒。难怪，曾经我们对叙利亚的了解过于简单，而且还有刻板印象。我想王可维对中国也许一样。他坦言："来中国之前，我曾经相信的另一种刻板印象是每个中国人都会很厉害的功夫。我认为这是真的，绝对是真的！"2008年，25岁的王可维背起行囊，不远千里来到中国求学。他在重庆大学先后获得了法学硕士学位（民商法方向）和法学博士学位。毕业后，他选择了留在中国，先后在多所大学任教多年。2021年10月，王可维来到西南政法大学，成为国际法学院的特聘教授。来到中国以后，王可维对功夫的理解是多层次的。他认为，功夫不仅指战斗技巧或武术本身，还包括做事所用的时间与精力、知识和技能，所以他相信中国人会把时间和精力分配给他们需要完成的任务与工作，相信中国人会欣赏时间的价值，通过不断提高自己的知识和技能（功夫），以便更好地为家人和国家服务。他曾经相信中国人只擅长数学和科学，但在中国生活工作几年后，发现中国人还擅长艺术、音乐等很多领域，而且中国人也很重视教育，注重人的素质而不是数量。拥有一两个养育良好和受过良好教育的孩子比拥有更多但缺乏知识、家庭温暖与爱心的孩子要好得多。

王可维与哥哥王鹰在中国科协参加外国专家座谈会

王可维在叙利亚的时候，曾经接触过中国家庭，他们是与俄罗斯专家一起从事两国政府之间教育和技术合作工作的公派人员，他认识的第一个外国家庭就是中国家庭。"张阿姨是一位母亲和家庭主妇，是我母亲最好的朋友之一，她对我们那里的所有孩子都很好。每当我到他们家，看着他们的家居装饰，听着音乐，享用着美食与家里檀香的味道，我都会有种神奇感受，觉得自己在中国。这对孩提时代的我来说，感觉像魔法，穿越一道门就跨越了8000多千米，从叙利亚到了中国。"这些记忆和感情逐渐成为他内心与个性的一部分，这些生动而丰富多彩的回忆在他的脑海中一直存在着，并被其深深吸引，永远"就像是昨天而不是25年前一样"。2007年，王可维第一次来到中国进行短途旅行，2008年获得国家留学基金委员会（CSC）奖学金，开始攻读法学硕士学位，然后获得法学博士学位。他终于如愿以偿，来到"张阿姨"的祖国。

来到中国以后，他不仅更加理解"功夫"的深刻内涵，而且更近距离地感受着中国文化。其中一种文化就是家文化。我们都知道，叙利亚是阿拉伯伊斯兰国家，85%的居民都信奉伊斯兰教。世界上流传过一种说法，就是中国人没有信仰。但是其实在绵延几千年的中华文明中，家族（家庭）观念是我们的信仰之一。对此，王可维深有同感。"我一直认为，世界上最重要的是家庭。我没有选择我的家人，但是我生来就与他们在一起，他们就是上帝给的礼物。家庭是伟大的，大而温暖的，我在中国有很多不同年龄的宝贵的中国朋友，我们像真正的家人那样真心相待，让我从不感到孤单。"是的，每次和王可维联系，末了他总是说一句：欢迎你们来重庆，这里有你的家人，我们都是一个大家庭。每每听到这里，我就非常感动，因为我很少听到朋友之间这样贴近心灵的表达。我知道，他是真的这么想的。身在异国他乡，没有朋友和家人的支撑与庇护，确实很难想象。"他们告诉我需要听到什么，而不是我想听到什么，他们总是在好的和坏的时候陪伴我。没有他们，我不知道我会在哪里。"

他说最喜欢中国家庭中祖父母和孙辈之间强大、紧密而独特的关系。想象一下，有 60 年或更多年经验的人将他 / 她的所有时间分配给一个小孩儿，孩子们得到的爱、关心和知识会有多多、多好。王可维的祖父母在他很小的时候就去世了，他一直想念他们，只要看到那些带着孙子孙女的老人，他就仿佛看到了他们。他钦佩中国

王可维和儿子在一起

人的另一件事是"父母在这里多么年轻"。有时看到同事、朋友或同学和他们的父母，他几乎不相信他们是父母，每次都认为他们是哥哥姐姐。"这说明，中国的社会制度运作得很好。"随着中国社会的发展进步，人口素质在提升，人均寿命在提高，人们步入衰老的步伐也在减慢。所以，虽然已经步入老龄社会的中国却呈现出年轻的特征。

教会孩子公开思考

不同的国家、民族，都有不同的教育理念，哪怕是个人就有不同。至于什么是最好的教育，王可维认为，对于所有怀有动力和抱负的教师来说，教授是一项梦想的工作。该怎么教学生，怎么教学生思考？如果学生知道怎么思考，那他们就会生活得更好，但不是沉默的思考，而是公开的思考。

阿尔伯特·爱因斯坦（Albert Einstein）说："世界上最大的危险不是坏人，而是那些不说话的好人。"所以，他尽所能鼓励学生们分享想法，大声说话，不要害羞，可以用更多的错误来建立自己的经验，所有人都应该一直学习，不能因为毕业而停止学习。"学习的秘诀在于好问和善思，提问和思考使人获益颇丰。我总是告诉我的学生不要将自己与别人比较。将自己与自己比较，昨天和今天，今天和明天。考试不是目的，它是你学习成绩的指标和我的教学表现。学生的反馈对我来说非常重要，因为我需要参照他们的反馈更新改进自己的教学模式和方法。"他说，"在重视教育和教育者这方面，无论是群体还是个人，中国人都有与众不同的特点。他们的师生关系是建立在对教师为社会发展所做贡献的充分尊重和重视之上的。同样值得注意的是，中国的教学理念依赖于三种理念：预防、支持和修正。这是一种独特的文化积淀。"王可维是一个好老师，他是我见过的最能够让课堂完全充分地调动起来的老师，让学生参与其中、积极思考，这是不是就是沉浸式教学呢？当然，不只是这些。王可维还展示了他非凡的分享想法、公开思考的行动力。

2021 年 5 月，科技部国外人才研究中心和中国科协调研宣传部组织了四位外国专家赴江西进行国情考察，王可维是成员之一。第一天调研团来到位于井冈山市茅坪镇、黄洋界脚下的神山村。2016 年 2 月 2 日，习近平总书记亲临神山村视察，并发表了"老区在全国建小康的征程中，要同步前进，一个也不能少，都要共同迈入小康社会"的重要讲话。近年来，神山村群众始终牢记习近平总书记的殷切嘱托，大力推进产业扶贫、安居扶贫、旅游扶贫、保障扶贫，实现了"资金变股金、村民变股民、旧房变新房、山区变景区"的美丽蜕变。离开神山村，调研团一行来到黄洋界。当年红军在井冈山设有五大哨口，分别控制了井冈山的五条道路，其中黄洋界哨口最关键。在敌我力量悬殊的情况下，井冈山军民凭险抵抗，最终以少胜多取得了黄洋界保卫战的胜利。正是在这样的情况下，毛泽东写下了《西江月·井冈山》，赞扬黄洋界保卫战的胜利。调研团一行在诗词碑前齐声朗诵了这首词。每个人都感受到一种从未有过的

王可维在井冈山调研

王可维在神山村调研

震撼。王可维当晚用英文写下了一首诗，后翻译成中文，题目是《义勇军进行曲》，内容如下：

阳光照耀山峦，

真是太绚烂了，太宏伟了，

我们为伟大的中国的烈士流下骄傲的眼泪时，

真是太美了。

当红色的革命拥抱高山时，

中国的荣耀就诞生了。

当历史与自然融为一体时，

伟大的新中国就在这里，

在井冈山缔造了。

当您在那些古老的树木之间行走时，

您会听到那些勇士的自由呼喊。

当您踏上这片土地时，

请多仰望天空，

因为那里有用纯净的血液浇灌家园的勇士们。

当您在中国时，

请抬头挺胸保持骄傲，

看着那些山脉，

学习它们的故事并自由呼吸。

在这里的每一个脚步，

中国国歌都久久回荡在我的心中。

我走在黄洋界炮台的旁边，

听到 1928 年 8 月 30 日的英雄们高喊着"冒着敌人的炮火，前进，前进"。

在一起。

聚在一起是一个开始；

团结在一起是进步；

共同努力在一起就是成功。

中国和热爱中国的外国人在一起，

我们万众一心，

前进，前进，前进，进。

随后，四位外国专家赴长征源红军小学开展科普讲座。肖钢、奥莉娅、王可维、罗杰威先后为现场三四百名学生分享他们对教育、文化、科学的认识，鼓励孩子们要好好学习，做对社会对世界有贡献的人。在极具感染力的讲座结束后，所有的孩子几乎同时扑向专家，索要签名。我们站在现场都惊呆了，包括长征源红军小学的校长和教师们。给我们印象最深刻的就是那一双双手臂。那一双双伸向科学家的手臂，坚定而笔直，那是一份份热望和期盼。我们不知道他们的名字、分不清他们的脸庞，他们就是一条条红领巾，他们来自一个伟大的学校——长征源红军小学。但是我们记住了他们在课堂上的欢呼，他们抛给外国专家的一个个问题。他们争先恐后地请外国专家签名，全然不管校长如何维持秩序。我们知道他们不是不尊重校长，只是因为他们爱校长更爱科学、更爱真理。

王可维在长征源红军小学进行科普讲座

"酸辣粉"和中国梦

　　中国菜是中国文化的重要组成部分，其中包括源自中国多元化的美食。"我喜欢中国菜的概念，不仅仅是味道，还有颜色和气味。"他真的爱上了四川菜，辣、酸、甜、咸……这种口味的混合物就是天堂。四川泡菜、小吃和甜点也很棒。"然而每当我真的饿了，我脑子里就只有一个东西——'酸辣粉'！"中国菜有趣的部分是菜肴的名称太棒了！母子团聚是鸡肉和鸡蛋。老婆饼里没有老婆，鱼香茄子里没有鱼，猫耳朵不是真的猫耳朵，还有很多其他的，如 Biang Biang 面，他曾经去西安只是为了品尝它……他学到的第一个汉字是 Biang。

让他将中国美食和阿拉伯美食做个比较。"对于阿拉伯世界的任何烹饪来说，必不可少的都是热情好客和慷慨的概念，这是阿拉伯文化和中国文化相通的地方之一。食物不仅要终止饥饿，还需要艺术性和科学性！用餐通常会增加家人或朋友的交流，在餐桌上分享和享受很多温暖，不仅可以享受美味的食物，还可以共享时间和快乐。"他说，在家乡的时候，通常正式的晚宴和庆祝活动会涉及大量的肉类，每个场合都需要大量不同类型的小吃和茶。一个不同之处是他更喜欢可以旋转移动的中餐桌……他们喜欢的茶是黑色的，而在中国茶是绿色的。我问他正宗的重庆烧烤和火锅是什么样的味道？他神秘地说，不会告诉我它的味道，因为有一天他会在重庆接待我并在那时告诉我。我期待这一天早点到来。

目前，他和全家人都生活在重庆。他说，住在中国意味着住在世界的中心，住在重庆意味着住在中心的中心。与其他省份和城市一样，重庆有自己的风味，不仅拥有山城之美誉，还有夏天的火炉之称，但是他已经适应了并且喜欢上了这一点。

他是一个精力充沛的人，工作和生活两不误。"我的日常生活很简单，而且还很有趣，我知道如何组织我的时间，如何确定我的优先事项，我没有工作和生活之间的冲突，我做 WLB（Work Life

王可维学古琴

Balance）非常好。其实我的生活就是我的工作，我的工作就是我的生活，我忙于做我喜欢的所有事情，实现自己的梦想。"

我问他知道中国梦吗？这个梦想和他的梦想有什么关系吗？生活在中国，会不会在心里时常出现作为一个"老外"的隔膜？王可维说，曾经有很大的梦想，"我的生命中每个阶段都有很长的记录。一般来说，想要了解更多，做得更多，分享更多。我想为合作创新创造一个开放空间。我要感谢我的两个国家——中国和叙利亚，他们创造了现在的我。"所以，他希望能为拉近中国和阿拉伯国家特别是叙利亚和中国之间的距离做出贡献。除此之外，他还有一个更大的梦想，就是成为中国共产党的一员。

我有些惊讶，但是他的解释又是多么合理和神圣。他说，在过去的 100 年里，"西方热"（Go West）和美国梦是所有有动力的人的目标。今天，随着中国的发展，指南针已经改变。"东方热"（Go East）和去中国是新的全球趋势。感谢习近平主席的"一带一路"构想，这是中国送给世界的礼物。"一带一路"为全球双赢的伙伴关系树立了榜样，改变了对中国的刻板理念，世界的工厂由中国制造（Made in China）转变为中国创造（Made by China）！

中国梦不仅是明天的梦想，也是昨天的梦想，中国是一个有着璀璨历史、辉煌现在和美好未来的国家。"作为全球经济的'引擎'，过去十年我见证了中国在许多方面的快速发展，但我非常钦佩这两个方面——强烈关注个人的进步发展和道德考量。"他说，中国的发展就像世界老师或"未来的指南"，就像一个好老师不是那些向学生提供答案的人，而是理解需求和挑战并帮助其他人成功的人。这就是中国发展的方式。为你的公民建立一个更美好的国家非常重要，但为你的国家培育一个更好的公民更为重要。中国正在做这两件事。

在美好的国家建设中，不论是中国人还是外国人，只要生活在这片土地上就可以共建、共治、共享。他说："在中国生活就像在家里一样，有时当我在公共场合散步时，我听到别人说'老外'，我不由自主地左右转头，看看老外在哪里……却忘记那正是我自己。所以，我现在觉得自己是一个有着中国心的叙利亚人。"他继续幽默道："当然，我不会因为被称为'老外'而感到不安。我告诉我的朋友，这是我的中文名字：姓老名外。"

在叙利亚，人们说"每个人都有两个国家，他自己的国家和叙利亚"。我相信，在中国的每个人也都有两个国家，他自己的国家和中国。

王可维和学生们

对一个国家的向往，大都首先源于历史和地理；对一个国家的热爱，大都首先源于母亲和文化。2018 年 5 月在清华大学就获得"年度外教"感言的四川外国语大学东方语学院教授"赛妈"是真正将王可维和他们的家庭带到中国来的人。为何选择来中国？赛妈说："当我还是一个小孩子的时候，我们的地理老师在地图上指出了中国的位置，有时还会讲述三国的故事。从那时起，我就对中国充满了向往。我想，在将来的某一天，我一定要去中国看一看。"2006 年，四川外国语大学东方语学院成立了阿拉伯语专业。就在那年，赛妈收到了教学邀请函。她认为这是一次实现梦想之旅的绝佳机会，可以一探她一直向往的中华文化，并向中国朋友们分享阿拉伯文化的魅力。当赛妈谈到自己的想法时，她的丈夫优素福·哈里勒（Youssef Khalil）教授和孩子们对此表示了极大的支持与赞同。"那时，我未曾想过中国会成为我的最终目的地，也没有想过我的孩子会从 4 个增加到 4000 个。"

赛妈无疑是一位成功的母亲，大儿子王鹰（Rami Khalil）、二儿子王瑞（Asad Khalil）、女儿王玲（Rasha Khalil）、小儿子王可维（Asad Khalil）都获得博士学位、双学位并担任教授，在自己的行业、领域都颇有建树和成就。除二儿子经商以外，她的丈夫、两个儿子和女儿都是桃李满天下。"每天都要坚持学习，不断追求卓越"，这是赛妈对她的所有孩子的要求。

他叫王可维，与王国维没有什么关系，却也显示出他对中国文化的热爱。

哈莱·米特瓦利（Hala Metwally，埃及）：新华社国际新闻编辑部阿文室改稿专家。2020年获新华社颁发的特别贡献和长期服务奖，2021年度中国政府友谊奖获得者，2022年获中国译协颁发的"翻译中国外籍翻译家"荣誉称号。

12 哈莱·米特瓦利

她有一个关于中国的『笔记本』

对哈莱的名字早有耳闻，对她的身份"改稿专家"充满好奇，对女性专家我总是会特别关注……因此，在新华社外事局和国际部的帮助下，我有幸来到哈莱家里，坐下来听她讲她与中国遥远而亲切的故事。

说遥远，是因为她来自埃及；说亲切，是因为她从小就对中国感兴趣。从 1996 年至 2022 年对她进行采访时，她已在新华社连续工作了 26 年。这 26 年的工作内容主要是改稿。什么是改稿呢？她说就是对记者发来的外文稿件进行翻译、修改、润色。新华社国际部辛俭强老师用一句话来概括：对接中外话语系统。她也会参加一些比较重要的采访报道，比如多次采访阿拉伯国家访华政要、驻华使节、中国中东问题特使等高级官员及中东问题专家，其中数十篇稿件被埃及最具影响力的《金字塔报》《埃及中东通讯社》等主流媒体采用。2019 年参与的报道《归家之钥——一个叙利亚难民的逃难故事》获评新华社社级优秀新闻作品。她还参与《中国军队》杂志阿文版翻译工作，已经有 11 年了；主要译著有《"一带一路"100 个全球故事》

《构建人类命运共同体》等。陪同我采访的新华社老师不时插话："哈莱绝对可以称得上是'劳模'。"所以，她获得过很多奖项，比如2017年获得新华社国际部荣誉证书，2020年获得新华社特别贡献和长期服务奖，2021年获得中国政府友谊奖，2022年被中国翻译协会授予"翻译中国外籍翻译家"荣誉称号。她还多次作为新华社外籍专家代表受邀参加外国专家活动，如2018年参加在人民大会堂举办的改革开放40周年庆祝活动，2019年参加在人民大会堂举办的国庆70周年外国专家招待会，2022年参加李克强总理同在华外国专家举行的新春座谈会等。

哈莱·米特瓦利

加入新华社，梦想变成现实

哈莱从小就对中国的悠久历史和灿烂文化感兴趣，每当在报纸上看到有关中国独特文化的文章，都会剪下来保存。日积月累，她竟然剪贴出一本关于中国的"笔记本"。

哈莱生活在一个温馨和睦的大家庭，家中有五个兄弟姐妹。父母都十分开明，特别重视对孩子们的教育。现在已经成为两个孩子的妈妈、成为大专家的哈莱仍然不掩饰对父母的爱与依赖。"给爸爸打电话，就像给手机充电。"当年哈莱在大学期间，同学们都选学英语或者法语，而她要选学中文的决定却得到了父亲的支持。"父亲是工程师，他的视野很宽，经常往家里带报刊，看书也很多。父亲觉得我的选择很好，因为与别人不同。我高考分数很高，所以考上了埃及艾因·夏姆斯大学语言学院汉语系。30 年前学习中文的埃及人很少，我可以选英语系或者法语系，但是我选择了汉语系。通过学习汉语，我感受到了中华文明的博大精深。1992 年，新华社记者来报道我就读大学的文化周活动，我当时是文化周活动的主持人。我亲眼看到他们忙着采访和拍摄，那时我就非常期待自己毕业后也能加入新华社。"

有一句歌词唱的是：有梦想谁都了不起。我想说，有梦想没有什么了不起，去努力实现梦想才真的了不起。

怀抱着学中文、到新华社、去中国的梦想，哈莱一直努力前行着。"1996 年，我的梦想变为现实，我每天都能在新华社驻开罗的中东

哈莱报道服贸会

哈莱报道中阿博览会

总分社阿文编辑部工作和学习，非常开心。"经过 15 年孜孜以求的勤奋学习、工作，2011 年年底，哈莱终于有幸被选派到新华社总部工作，来到北京、来到中国。"这是我的人生新旅程，我感到特别兴奋。因为又能见到以前的老同事和老朋友们了。我很幸运能来到这个大家庭，非常感谢他们对我的热情接待。那时候，我感觉我与中国有着美丽的情缘。一年又一年，我对新华社的爱已经深深地渗入了我的血液里。"2020年，哈莱的大儿子要回埃及参加高考，所以目前她的丈夫带着两个儿子在埃及生活，由于疫情，这几年他们全家一直没有团聚。她一个人在北京生活——想到此，我突然有点心疼。

那天，我刚进她家的时候，心里是有点诧异的。因为在我的想象中，外国专家的住所应该是很气派、很宽敞的。当然因为她是一个人住，所以租住的房子是一个大开间公寓，和我单身的时候住的公寓是一样的。是的，她现在就是单身住在中国。为什么不回埃及和家人团聚呢？当然是舍不得，舍不得新华社。

"在工作当中，我有幸见证中国的开放和发展。我跟中国同事们参加报道世界和平论坛、亚洲文明对话大会、世园会、服贸会、进博会、中阿博览会，写了好多稿件，写了好多中国故事，让阿拉伯世界更多地了解中国。通过这些采访报道和深入了解，我对中国更加热爱了。在新华社工作的26年，我亲身见证和感受到了在中国共产党的领导下，中国取得的伟大进步和成就。通过翻译和改稿工作，我对中国的感情也越来越深厚，对中国国情和发展理念的理解越来越深刻。这鼓励我尽最大的努力通过熟稔的语言驾驭能力和精准的翻译润色能力，向国际社会更好地讲述中国故事。我也很高兴能够通过这个工作向世界展现中国发生的巨变。"哈莱的中文极好，讲起话来可以用滔滔不绝来形容。那兴奋的神情和发光的眼眸，让我觉得自己替她油然而生的那点情愫有些多余了。

哈莱报道进博会

哈莱报道世园会

在中国，感受古老与现代

其实，早在到新华社工作之前，哈莱上大学三年级的时候就到北京语言大学学习了一年汉语。那是 1994 年，她第一次来中国。"那时，中国在我眼里就是我来之前想象的那样的文明古国。在埃及人眼中，中国是文明古国，中国人勤奋、努力、能干、谦虚、善良、和谐。"当时，她不仅学习汉语，还到处旅行。她说，中国的一切都让人惊叹。中国是一个很有魅力的国家，当外国人第一次来到中国，总会有好多地方吸引他们，比如中国人的热情好客、中国的美食、中国的文化和中国的音乐。"当时，我的中国朋友们耐心地教我中文，帮助我尽快地适应中国的生活。我还有过一次难忘的旅行，那时去桂林坐火车要三天两夜，现在坐高铁只需要 10 小时左右。当时，中国还没有这么富裕，市场上的进口产品很少见，不像现在那么多样化。但是，这个对我来说不算问题，我很享受在中国的生活。"

哈莱早年
游览故宫

17年后，也就是 2011 年年底，哈莱再次来到北京，进入新华社总部，这是她第二次来到中国。再次来到中国，哈莱实实在在地感受到了中国发生的翻天覆地的变化。"经济蒸蒸日上，科技创新日新月异，现代化的城市、一流的交通基础设施特别是高铁让人震撼。中国普通人的生活也得到了巨大改善和提高，便捷支付、网购、快递、共享单车等，出门只需要带钥匙和手机，我感到生活太方便了。让我印象深刻的是中国可以在很短的时间内圆满完成任何任务，这就是中国速度。让我很佩服的还有老年人运用智能技术的能力。中国是一个让外国人觉得很舒适的国家。中国不仅古老而且现代。"

哈莱的家不大，但是家门口的河很远、很长。河两旁绿树成荫，我想象着如果在黎明或黄昏，那景色实在是怡人。哈莱平日里十分喜欢傍晚沿着河边和不同年龄的"陌生人"散步、跑步，那时候她觉得自己真正地融入了中国。"我希望能有越来越多的外国友人认识到真实的中国，跟我一样爱上中国。"那天，我们请的摄影师倪天勇先生，用镜头在河边、桥上、绿荫中给哈莱留下了很多美好的瞬间。每一张照片，哈莱都露出少女一样甜甜的笑容，那一刻，我也很幸福。

我替她幸福。这位来自阿拉伯世界的了不起的女性，受到中国文化和阿拉伯文化共同滋养的哈莱，处处体现着一种修养、优雅、恬淡。为了今天的采访，她特意穿上一身出席重要活动才会穿的正装。她给我们准备了水果、点心等。出门前，她特意在镜子前仔细查看妆容，问我这样的发型行不行。我开玩笑地跟她说："一定行，因为你是画家的夫人，怎么可能不行。"她笑了。

在家附近散步的哈莱

说到中华文化和阿拉伯文化，哈莱很有心得。她说，中华文化和阿拉伯文化是两种独特的文化，是世界文明的重要组成部分，为世界文化的丰富性做出了杰出贡献。中华文化和阿拉伯文化有着各自的魅力，比如在语言、文学、哲学、诗歌、绘画、风俗习惯、传统节日等方面。近些年，随着中国影响力的不断提升，喜欢中华文化的外国人越来越多。她说，以前认为在世界上最能够代表中华文化的符号是中文、长城和龙，后来发现还有中医、武术、书法、剪纸、茶等。这些中华文化的不同侧面让外国民众喜欢上中国。哈莱很喜欢中国茶，并且经常到马连道的茶城买茶送给在不同国家生活的姐姐、弟弟和妹妹们。

哈莱认为，多样性是阿拉伯文化的魅力，提到阿拉伯文化，我们一定会想到金字塔，绿洲的医疗旅游，沙漠拉力赛，阿拉伯传统服饰、美食和咖啡，还有《一千零一夜》故事集等。阿拉伯文化以埃及、伊拉克、也门和阿拉伯半岛出现的许多文明为基础，给世界留下了很多文物古迹和文化艺术。虽然时代在不断发展变化，但中华文化和阿拉伯文化仍在延续，代代相传。这就是两种文化的魅力所在。

改稿，就是把文章变成精彩的故事

"随着中国的不断强大，作为世界第二大经济体，中国已经成为世界新闻中心之一。随着新华社在世界媒体中的影响力逐渐增强，作为新华社的改稿专家更要仔细严肃、认真负责，不仅要了解最新的国际国内事件，还要具有高度的团队精神。此外，改稿专家一定要用其所有的语言能力和工作经验、用最合适的方式来改新闻消息、报道、综述、特稿或评论。"哈莱这样深刻地认识自己的工作。

她说，改稿工作让她有机会让世界读懂真实的中国。比如，中国在发展经济、消除贫困、环境保护等方面的发展，"一带一路"国际合作的丰富成果，构建人类命运共同体的积极进展。让世界看到在当今复杂的国际环境下，中国人民在中国共产党领导下取得了巨大的成就，中国是国际社会中积极有为的一员，在不断地为人类文明发展做出新的贡献。"虽然有时一句话、一个词语甚至一个字都要非常认真仔细地反复审核，但是把文章改成精彩的好故事之后，我会感到很高兴。我认为，这正是这个工作岗位的魅力所在。"

在新华社工作的这段时间里，哈莱经历了许多让人难忘的时刻，"许多中国的重要历史时刻，也是人类历史上的重要时刻，比如香港、澳门回归，2008 年北京奥运会，改革开放 40 周年，国庆 70 周年，中国共产党成立 100 周年等重大事件，都是让我难忘的新闻事件。这些都向世界证明了'有志者事竟成'是中国人一直以来的智慧。"她说，在翻译和修改稿件的时候经常被感动。比如，在修改关于抗击疫情稿件的时候，看到中埃两国音乐家携手奉献的"云端交响音乐会"，她感受到人间大爱、感受到中阿"好朋友、好伙伴、好兄弟"般的相互支持，对未来中阿关系和中阿友谊充满信心与期待。

坐在一旁的新华社国际部的老师说，改稿不同于翻译。翻译是正确，改稿是更好。新华社的大稿、特稿很多，需要的改稿专家不仅数量多而且要水平高。比如，把一篇中文稿件改成阿拉伯语，就要像一个阿拉伯人说的、写的。改稿专家是要起到话语体系对接的作用，要对从分社发来的稿子的内容和表述等各方面把关。这项工作责任大、压力大，所以专家们很辛苦。"哈莱非常勤奋、辛苦，但是从来不说。直到有一次她病得直接倒在地上，我们才发现……"

哈莱接过话茬说："阿文室的领导和同事们，这么多年来一直给予我最大的指引、鼓励、支持和厚爱。我觉得我们就是一家人，有很好的团队精神，新华社同事们的专业和奉献精神也感染着我，我们互相学习、互相帮助，为了把工作做到最好。"

哈莱报道世界和平论坛

两个儿子，都是友谊小使者

2011—2020 年，哈莱的丈夫和两个儿子都一直陪伴她在中国生活。她的丈夫是一名画家，工作是做平面设计，日常通过网络与远在埃及的单位沟通联系。刚来中国的时候，小儿子还在上幼儿园，后来两个儿子都上了使馆的学校。大儿子在中国待的时间和在埃及待的时间一样多，而小儿子在中国待的时间比在埃及待的时间还要多。"我的家人非常热爱中国，他们有很多中国朋友。周末时，他们与中国朋友一起出去玩、吃饭、运动、参观博物馆等。"由于他们要参加埃及的高考，所以就通过网络上埃及的课。因为时差的原因，哈莱经常在晚上陪着孩子们上课、白天还要上班，但是她说不能让家人失望、让单位失望。

孩子们也没有让她失望。大儿子擅长计算机编程，还会包饺子和做煎饼果子。小儿子回到埃及上学后，他的同学一直问他很多关于中国的问题。他就请图书馆馆长组织座谈会，向朋友们介绍中国、回答朋友们的提问。座谈会上，他谈了他心爱的中国朋友、中国美丽的风景、中国人对运动的热爱、中国人的健康生活、中国的现代生活和中国美食特别是饺子与煎饼。学校校长在学校网站上发了座谈会的视频，受到了很多人的赞赏，吸引了很多"粉丝"，小儿子还被授予"中埃青年大使"的称号。我想那些"粉丝"中一定有人未来会成为"哈莱"。

哈莱和家人在北京

哈莱说，埃及的高考也非常难。比如她上的埃及艾因·夏姆斯大学相当于中国的清华大学。她希望儿子们也能考上自己理想的大学，成为中阿友谊的使者。

哈莱说，她的父母和兄弟姐妹们都没有来过中国，但是疫情前每次回埃及休假或者现在和亲人、朋友们打电话时谈得最多的就是中国。她把她看到的、感受到的告诉他们：从社区环境改善到生活服务升级，中国人的生活越来越便利。中国是稳定和安全的地方，中国人和在中国的外国人都受到了很好的保护。值得敬佩的是，在全球疫情肆虐、经济衰退的背景下，中国还在竭尽全力完成各项任务。在过去 10 年里，约 1 亿中国人摆脱贫困。生活在中国是一件非常幸运的事情。"如果要用一句话介绍中国，我会说：如果你想看到未来的样子，那就去中国吧！"

可是，如何才能吸引更多外国人来中国呢？哈莱认为，中国媒体近年在加快推进媒体深度融合，无论是报道数量还是报道形式，都在不断进步丰富。但是，在讲好中国故事的过程中，为了让中国媒体的报道更吸引人，必须在语言的表达方式上下功夫。中国人有中国人的说话方式，外国人有外国人的说话方式，而说话方式是由思维方式来决定的。她建议，如果能在中国同事撰写文章的基础上，由外国人按照外国读者的阅读习惯来重新编写，可能更容易被外国读者接受。所以改稿时她不断地提醒自己"说阿语的人会如何表达这个意思"。

她认为，报道要学会多讲"中国故事"，鲜活、感人的故事最能吸引人，特别是专注于中国现实生活中的故事和成功经验。中国的减贫奇迹不仅使全体中国人民享受改革发展成果，还对推动世界减贫进程有着重要意义。中国实现了第一个百年奋斗目标，这不光有事实、有数据，背后肯定有很多鲜活的故事，世界上很多人都会关注。目前，在"一带一路"倡议下，中国在埃及有许多重大项目投资。同时也有许多较小的项目，更贴近埃及普通民众的生活。例如，在埃及，有一个埃及年轻技术员在一家中国人开的电子公司工作，这家中国公司培养他提升技能，使他和家人的生活改善了很多，因此这家中国企业在当地社区很受欢迎。他的父亲说："我为自己的儿子在这家中国公司工作感到骄傲。"多报道这样反映中国帮助其他国家人民实现发展、改善生活的故事，更能产生好的传播效果。

说到对未来的打算或者期待，哈莱说，她要用手中的笔让中东地区乃至整个世界更多的受众认识中国、了解中国、喜爱中国。

从哈莱家里走出来，已近黄昏。夕阳洒在河面上，像无数的金子在闪烁，像深情的目光在跳跃。世间如此美好，让我与一位埃及女子相遇，在她的故事中，我感受到深深的幸福。她最后说的这句话"一个人可以出生在一个国家，也可以爱上另一个国家。我正在办永久居留，我想加入中国共产党"，就像河面上那明亮的微光一直在我的脑海里摇来摇去。

郑志杰（美国）：比尔及梅琳达·盖茨基金会北京代表处首席代表，先后毕业于上海医科大学、复旦大学、美国北卡罗来纳大学并获得博士学位，曾在北京大学、上海交通大学、美国国立卫生研究院及联邦疾病控制预防中心等单位担任管理职务。

13

郑志杰

让每个人都有机会过上健康而富有成效的生活

为贯彻落实中央人才工作会议精神，科技部副部长、国家外国专家局局长李萌于 2022 年 2 月 25 日上午主持召开外国专家座谈会。来自美国、俄罗斯、英国、法国、瑞典、印度、埃及、日本、韩国等国家 11 位在京工作的外国专家围绕我国国际人才交流、科技管理、科研作风学风建设和科研伦理、科技成果评估、人才评价，以及开放合作创新等方面做了专题发言。就是在这次座谈会上，我见到比尔及梅琳达·盖茨基金会（简称盖茨基金会）北京代表处首席代表郑志杰先生。会上，郑志杰做了精彩发言。会后，我跟他约了采访。

一次生死别离：从要救一个人到救数万万人

其实，我们的职业选择背后都有必然，尽管看起来是偶然。

"我学医的决心来自童年经历，我的小妹妹在她三岁的时候因为肠道疾病离开了人世，那是我生命中最早经历的一次离别。明明早上走的时候还是三个人，回来的时候就只剩下爸爸妈妈两个人。那种刺痛和无能为力，让我坚定了学医的想法。"在郑志杰的办公室，我们一落座，他就讲起了个人经历。郑志杰出生于浙江省临海市的一个乡村，兄弟三人，只有一个妹妹却被今天看起来很"简单"的疾病夺去了生命。这样的经历，我也有。母亲怀过 9 个孩子，有 3 个都因为那个年代的医疗水平有限而夭折。

郑志杰早年和兄弟们

然而，梦想就是一粒种子，只要被用心浇灌、滋养就会发芽、长大、开花、结果。带着学医的信念，郑志杰先后在上海医科大学、复旦大学、美国北卡罗来纳大学读书。但是在接触医学的过程中，他逐步了解到预防医学、公共卫生的重要作用。

　　"我经常引用美国约翰·霍普金斯大学公共卫生学院的院训，院训是这样说的：临床医生一次只能救一个人，但公共卫生配合上好的政策措施，却能够挽救成千上万的生命。防患于未然，这对我来说是一种天然的吸引。就好像针对腹泻，不仅需要药物，还需要干净的水源、安全的卫生设施、良好的公共环境乃至落实到人的宣传倡导，这些缺一不可。"为此，郑志杰毕业后选择从事与公共卫生相关的工作。在美国疾病控制与预防中心和美国国立卫生研究院工作期间，他的工作领域一直是重大疾病预防与控制体系的监测、评估和应急机制。2010年，郑志杰离开学习、工作、生活了21年的美国回到祖国，担任上海交通大学公共卫生学院院长。这个决定是神圣而艰难的，因为当时他的儿子才10岁，夫人因为工作、儿子因为上学不能和他回中国，从此，一家人就分隔两地。在随后的十多年里，从上海交通大学到北京大学，他一直在高校任职，致力于传道授业解惑。"为公共卫生领域培养更多的专业人才，为我带来了巨大的成就感。"郑志杰儒雅的气质、从容的话语，让人感受到一种信念的力量和笃定的魅力。

　　作为特聘教授回国后，郑志杰一方面培养人才，一方面推动中国在全球健康、全球发展领域发挥更重要的作用。比如，协助北京

郑志杰在北京大学

大学成立了北京大学全球健康与发展研究院。2021 年 10 月 25 日，郑志杰接任盖茨基金会北京代表处首席代表，走上了以减少健康和发展领域不平等现象为己任，更大、更新、更专业的事业舞台。

"加入盖茨基金会对我而言是一个自然而然的决定。近年来，全球健康和发展与当下、与我们每个人的关系越来越紧密。在全球化时代，如何团结各方力量解决全球性问题，创建一个更加公平和健康的世界，是这个时代的重要命题。作为全球最有影响力的基金会之一，盖茨基金会扮演着十分重要而独特的角色，一方面支持创新产品和技术的开发，另一方面通过建立广泛的合作伙伴关系让这些创新能够为更多人所用，以此来推动解决最复杂和最紧迫的全球性挑战。我非常认同基金会的理念，也看到中国在这一领域的巨大潜力。这份工作让我能在一个更加广阔的全球性平台上撬动资源、激发合作，帮助更多人改善健康、过上富有成效的生活。"从一名临床医生到预防医学和公共卫生领域的专家，从一名高校教授到全球最大私人慈善基金会的重要人物，他用实际行动践行着自己最初的梦想，让更多人拥有健康、过上幸福生活。

盖茨基金会与中国：促进中国和全球健康公平

比尔·盖茨在他的《如何预防下一次大流行》中讲了他关注传染病、关注贫困人群健康的原因，以及成立盖茨基金会的初衷。"我对传染病这一主题的热情可以追溯到 25 年前，1997 年 1 月，当时我和梅琳达在《纽约时报》上读到尼古拉斯·克里斯托夫（Nicholas Kristof）写的一篇文章。文中提到：每年有 310 万人死于腹泻，而且几乎都是儿童。我们感到很震惊。每年 300 万儿童！怎么会有这么多孩子死于据我们所知只是会让人不太舒服的疾病呢？"他带着这份"不可思议"查阅了相关资料，了解到治疗腹泻的方法非常简单，只需一种可以补充腹泻期间流失的营养的廉价液体，但是这没有惠及数百万儿童，于是他们就开始提供资助，不仅大规模地推广这种治疗方法，还率先支持研发预防腹泻的疫苗。"我们相信，在一个人人平等的世界中，所有人都应从创新中受益，没有任何一个孩子会死于可预防的疾病。但我们看到的是，不平等依然大量存在。这个发现是我们慈善之路上的重要一步。震惊之余，我们心生愤慨，并决心为此采取行动。"

2000 年 1 月，盖茨基金会成立，总部设在美国西雅图。基金会于 2007 年成立北京代表处，2008 年启动首个在华项目。此后十余年间，基金会不断扩大对华合作，项目涵盖扶贫、结核病和艾滋病防治、烟草控制、助力非洲农业发展和消除疟疾等。截至 2021 年年底，基金会在全球 144 个国家开展项目，赠款总额超过 650 亿美元，而妇幼健康自始至终都是其最重要的工作领域之一。

在 2022 年 2 月 25 日的外国专家座谈会上，郑志杰侃侃而谈，儒雅、持重、睿智是他给我的最深刻印象。他在发言中首先介绍了自己的经历，然后谈了盖茨基金会与中国合作的情况及未来合作的建议。

盖茨基金会目前在非洲有三个办公室，在欧洲和亚洲分别有两个办公室，亚洲的办公室一个在中国、一个在印度。郑志杰在与我的对话中再次强调："十几年来，中国一直是基金会的重要合作伙伴。"他认为，中国在公共卫生领域取得的长足进展令人瞩目。

郑志杰说："一方面我们见证了中国在改善本国人民健康福祉方面的巨大成就，也很荣幸地参与到中国结核病、艾滋病防控，提升基础医疗水平，扩大国家免疫规划等重要领域；另一方面我们也看到中国不断加大科研投入，提升创新能力，并将新想法和新工具转化为有效的公共产品，帮助挽救了其他国家数以亿计的生命并改善了他们的生活。"在这一过程中，盖茨基金会为中国合作伙伴提供资金和技术支持并搭建国际合作的桥梁，帮助他们加速卫生、农业和减贫领域的产品、技术与模式创新。盖茨基金会也通过构建全球伙伴关系，让这些创新成果在中国和其他国家的脆弱人群中尽快得到普及。

在中国 15 年，盖茨基金会主要秉持了两个策略。一个是"在中国为中国"，比如关于结核病、艾滋病防控和扶贫减贫问题等。另一个是"在中国为世界"，这包括两个方面：一是支持中国为全球提供公共产品，如疫苗、药物、诊断工具等；二是为了配合公共产品，支持中国成为全球健康与全球发展创新及研发中心，成为更强、更有力的全球健康合作伙伴。"多年来，基金会与中国一起推动在非洲消除疟疾，中国在防治疟疾方面有许多经验值得学习并推广。"郑志杰还举例说，盖茨基金会和中国在公共卫生设施改革，主要在改厕、改水方面也做了大量工作。他说，单单关于厕所背后的科学和技术问题就非常多，比如在缺水、缺电的情况下，在非洲和中国西部地区乡村或者家庭如何解决厕所问题，包括杀菌、水处理等。

在促进中国加速创新、促进中国及全球健康公平方面，郑志杰特别介绍了几个项目。比如，2016 年盖茨基金会与北京市政府、清

郑志杰介绍盖茨基金会

华大学共同成立了全球健康药物研发中心（GHDDI），如今它已成为以推动健康公平为目标的全球包容性创新生态系统的主要参与者。凭借中国的创新人才和研发资源，GHDDI与全球的研究机构展开合作，致力于建设新药研发和转化的平台，旨在解决发展中国家面临的突出疾病，提高相关药物的可负担性和可及性，以确保贫困人口能够更快获得所需药物。GHDDI团队目前已经开展了十余个抗结核、新冠感染、疟疾及包虫病的新药项目管线并推进至重要研发里程碑，其中两个抗新冠肺炎小分子药物已进入临床。

盖茨基金会与国家自然基金委员会的长期合作是另外一个调动研发资源，为解决全球健康和发展问题贡献中国力量的例子。2015年起，双方共同设立"中国大挑战"系列项目，针对全球面临的重大健康和发展挑战，资助研究安全、有效、可负担、易推广的解决方案。2016 年的首次"大挑战"针对传染病疫苗和治疗方案，国内四个项目获得批准，研究团队获得双方总计约 400 万美元的联合资助。2020 年，新冠疫情之下，双方迅速开展新冠病毒研究应急专项合作，共同投入 200 万美元，联合资助 5 家中国研究团队开展新冠病毒研究。2021 年，双方开展"大挑战：户外疟疾媒介控制项目"合作，共同投入 300 万美元，联合遴选和资助 6 个国内研究团队。2022 年，双方发起农业领域联合资助项目，共同投入 200 万美元支持科研人员开发创新解决方案，帮助低收入国家应对威胁农业生产的气候相关挑战。该项目重点资助两个领域的研究，应对气候变化和极端天气的作物育种技术和策略及农业综合天气指数保险研究和实施。未来双方将继续合作，支持全球健康和农业领域内的创新研究，继续推进联合国可持续发展目标的实现，促进各国科研人员的交流与合作。

与此同时，盖茨基金会还与科技部、国家自然科学基金委员会及相关部门合作，通过举办论坛等方式推动国内国际对全球健康和发展重要议题的探讨，呼吁广泛的国际合作。比如，2021 年基金会与科技部相关部门共同举办了中关村论坛平行论坛——传染病防治生物医药国际科技合作论坛。从 2020 年开始，基金会与科技部、上海市科委合作举办浦江创新论坛平行论坛——全球健康与发展论坛；从 2019 年至今，基金会与国家自然科学基金委员会合作举办的全球健康学术研讨会已成为年度重要国际学术交流会议。2022 浦江创新论坛以"生物医药科技前沿与生命健康产业创新"为主题，郑志杰线上出席并发表主旨演讲，他表示盖茨基金会坚持"所有生命价值平等"的信念，在全球健康领域的全价值链上为伙伴提供资金和技术支持，

郑志杰出席浦江创新论坛

基金会希望未来在发挥中国创新优势解决全球挑战上取得更多的成效和进展。

也许源于小时候的悲痛经历，郑志杰十分关注生命健康主题。据相关数据显示，新中国成立前我国的婴儿死亡率高达200‰，也就是说1/5的宝宝在襁褓中就夭折了。令人欣慰的是，目前我国居民人均预期寿命已提高至78.2岁；孕产妇死亡率从1.69‰降至1.61‰，婴儿死亡率从5.4‰降至5.0‰，均为历史最低水平。"我相信，中国在过去几十年所做的贡献及取得的经验，可以作为公共产品供中低收入国家借鉴。"郑志杰说。

在推动中国创新成为全球公共产品、惠及广大发展中国家、提升全球健康水平方面，盖茨基金会也开展了很多工作。郑志杰举了两个例子，一是消除疟疾，二是疫苗公平。关于消除疟疾，他介绍说，2021年中国得到了WHO消除疟疾的认证，对中国致力于在全球范围内抗击疟疾的行动，基金会正在支持中国的多个合作伙伴开展相关工作。一方面，基金会支持中国企业生产的青蒿素类药物进一步提升质量，作为高质量的全球公共产品服务全球抗疟事业；另一方面，基金会也在支持中国科研机构开展青蒿素生物合成优化项目。如果这一构想得以实现，将进一步降低以青蒿素为基础的联合疗法的成本并增加供应。基金会也与中国和非洲的伙伴一起合作，创新疟疾防控模式。例如，基金会于2018年开始支持中国和坦桑尼亚合作开展创新试点，将中国消除疟疾的经验因地制宜地在非洲加以应用，设计出适用于当地防控现状的"以社区为基础的1,7疟疾检测响应模式"（1,7-mRCT），并取得了显著成果。目前，WHO正在牵头扩大该模式在坦桑尼亚的覆盖范围，并推广到赞比亚、塞内加尔和布基纳法索等其他疟疾高发国家。

关于疫苗公平，郑志杰介绍说，盖茨基金会一直与中国疫苗行业开展广泛合作，让更多的中国疫苗成为全球公共品，缩小全球健康水平的差距。中国有三种新冠疫苗进入WHO紧急使用清单，截至2021年年底，通过双边和多边渠道向全球提供了疫苗超过20亿剂，其中多数供应给了发展中国家，为促进疫苗公平贡献了力量。除了新冠疫苗，中国疫苗企业多年来还向发展中国家提供通过WHO预认证的疫苗。以流行性乙型脑炎疫苗为例，2005年时，基金会与几家合作伙伴开始探索如何减轻全球流行性乙型脑炎造成的疾病负担。

郑志杰在办公室接受本书作者采访

乙型脑炎经由蚊子传播，是亚洲病毒性脑炎的一个主要病种，每年有成千上万的儿童因此死亡或致残。在了解到有一家中国企业发明了一种安全、有效、可负担的单剂乙型脑炎疫苗后，基金会资助合作伙伴帕斯适宜卫生科技组织（PATH）上海代表处为这家中国企业提供全程技术支持。8年后，也就是2013年10月，这支乙型脑炎疫苗通过了WHO预认证，为其在全球的推广使用铺平了道路。通过与全球疫苗免疫联盟（GAVI）等国际组织的合作，中国生产的乙型脑炎疫苗为境外超过4亿名儿童提供了保护。乙型脑炎疫苗的成功获批，也为更多中国疫苗获得WHO预认证开启了良好势头。中国已有包括流感、脊髓灰质炎和甲型肝炎在内的多种疫苗获得WHO预认证，可以供应给有需要的国家。未来，基金会将持续在这一方面为中国企业提供支持、开展合作。

预防下一次大流行：有赖于全球的团结合作

"在我看来，发明创造的力量是世界发展的核心，但是在现实中，不可否认，我们可能永远无法设计出一种比在一块廉价的材料上缝上两条弹性带子更便宜、更有效的方法来阻止呼吸道病毒的传播。"比尔·盖茨对口罩的赞美令我惊叹。他在《如何预防下一次大流行》中还讲了使用口罩控制疾病的历史。他说，通过推广口罩的使用来控制疾病的理念朴实而悠久，可以追溯到 1910 年。当时，医学领域先驱伍连德医生应中国政府要求，领导应对满洲里地区暴发的鼠疫，鼠疫的致死率为 100%，有的甚至在 24 小时内就会死亡。当时，鼠疫被认为是通过生活在老鼠身上受感染的跳蚤传播。伍连德认为，病原体不是通过啮齿类动物传播，而是通过空气传播。他坚持要求医务人员、患者甚至普通民众都佩戴口罩。当然，实际上人可能被老鼠携带的跳蚤传染，但更危险的情况是，病原体感染了患者的肺部，进而会通过空气传播给其他人。伍连德的策略阻止了疫情的进一步恶化。在很大程度上，由于他的领导，口罩在中国被用于预防疾病、抵抗空气重污染或两者兼具，人们对此习以为常。即使新冠感染没有流行，佩戴口罩也是中国社会习惯的一部分。2020 年 3 月，中国疾控中心主任高福院士表示，美国和欧洲最大的错误是人们没有佩戴口罩。

郑志杰参加流行病学
学术论坛

　　"人们一直在生病，但不是每种疾病都会暴发。"比尔·盖茨
还说，"疫情暴发无法避免，大流行却可以防范。"除了佩戴口罩，
还有保持社交距离、良好的通风等这些非药物干预措施，这些措施
与疫苗搭配使用，就"可以帮助我们最终消灭所有流感病毒株"。

223

新冠疫苗的研制、上市和接种的速度是令人难以置信的——2020年新冠疫情暴发，2021年疫苗上市并实现了全球 50% 的人接种。然而，在新冠感染大流行前，疫苗研发速度的极限纪录是 4 年。但是"生产疫苗并获得批准只是一个方面，如何避免形成一个疫苗获取存在差异的世界完全是另一个挑战"。盖茨基金会在这一领域的第一个主要项目是帮助创建和组织 GAVI，这是一个筹集资金以帮助贫穷国家购买疫苗的组织。

我们知道，这次新冠疫情的波及范围之大、持续时间之长都是前所未见的，也因此对全球最脆弱群体造成了尤为严重的影响——全球极端贫困人口增加了 7%，疫苗接种率降至 20 世纪 90 年代的水平，结核病和疟疾的发病与死亡人数都出现了十多年来的首次上升。抗击疫情，除了非药物措施和接种疫苗，还有其他办法吗？或者说如何让比尔·盖茨说的两种办法真正发挥作用呢？

郑志杰认为，这要有赖于全球的团结合作。"尽管依靠各地科学家的通力协作，全球仅用 18 个月就史无前例地制造出了安全、有效的疫苗，但我更想说的是，只有科技还远远不够。最终抗疫成败的关键，有赖于团结合作的范围和程度。有人说，新冠感染大流行是全球化的产物。但实际上，造成疫情不断传播的原因恰恰是人类无法互通有无、有效协作。不论是早期对抗疫物资的争抢，还是仍在持续的疫苗不公平分配，这些都不能减缓疫情在全球的蔓延趋势，反而让病毒持续变异，让人们处于更危险的境地。"他介绍说，由 WHO、欧盟委员会、法国和盖茨基金会发起的"获取抗击新冠肺炎工具计划"（ACT–A）和"新冠疫苗实施计划"（COVAX）发挥了重要作用。截至 2022 年 5 月，COVAX 已经向 146 个国家和地区提供了超过 15 亿剂新冠疫苗；截至 2022 年 4 月，ACT-A 向中低收入国家提供了超过 1.56 亿份新冠试剂。2022 年 2 月，中国与 GAVI 签订协议，决定向 COVAX 捐赠 1 亿美元，并已向 COVAX 供应超过 2 亿剂新冠疫苗，为提高疫苗在发展中国家的可及性和可负担性发挥了建设性作用。但是，截至 2020 年初，非洲国家完成两针新冠疫苗接种率仅 8%——这次疫情凸显了全球合作的重要性。人类只有通过全球合作实现抗疫工具的公平获取，才能取得更大的进展，才能终结疫情。

在抗击新冠疫情上，中国取得重大成果，这得益于"非典"过后的近 20 年里，中国在国家、省、市、县各级建立了全国疾控中心网络，有 80 余万公共卫生专职人员通过实时报告系统和协调网络来应对公共卫生突发事件；还有 2014 年中国派出一支由 1200 多名临床医生、公共卫生专家组成的医疗队，奔赴非洲助力控制埃博拉疫情，100 天内在塞拉利昂建立了一个生物安全防护三级实验室……中国的公共卫生体系在"非典"疫情之后得到了显著加强。

郑志杰说，中国不断完善其全球健康与发展创新体系并为全球健康与发展贡献自身力量，盖茨基金会期待中国继续增强研发能力，激发更多创新成果，并推动这些成果有效转化为市场解决方案，促进健康产品以国际质量标准实现规模化生产，参与应对全球健康与发展面临的共同挑战，为其他发展中国家的发展带来更大的积极影响。盖茨基金会北京代表处将在促进中国强化国际科技交流、积极参与全球创新网络、推进基础研究和科技成果转化、帮助连接全球资源、建立创新合作模式等方面持续努力，与中国的公共与私营部门深化合作，探索更多合作模式在全球大流行、应对和防范重大传染病、疫苗与药物研发、健康产品创新、农业研发、公共卫生设施革新等领域，催化产生更多科技创新项目和产品，并培育更多研发创新人才。

从 20 世纪 90 年代末比尔和梅琳达产生改变低收入国家每年有数百万儿童死于可预防疾病现状的初衷，到今天盖茨基金会已经为全球健康与发展做出了重要贡献，我们看到"让每个人都过上健康而富有成效的生活"的理念一路熠熠发光，并且越来越达成共识、越来越得到支持。国内与国外，体制内与体制外，郑志杰的丰富经历使他深知，相对于政府而言，基金会可以更快地采取行动、承担

郑志杰与基金会同事合影

更多风险，从而形成以循证为基础的、可规模化推广的方法。他说，无论是全球抗击新冠疫情还是与中国一起促进疫苗公平，都深刻地体会到，政府在引领政策制定和资源调动上拥有绝对的主导权。但是，应对卫生健康挑战所需的资源又是任何一个单独的部门或行业都无法承担的，包括政府、私营部门、民间和慈善组织在内的所有部门应该一起行动，发挥各自应有的作用。

在郑志杰简单、整洁的办公室里，在基金会北京代表处中西合璧的各个角落，我们都可以感受到一种文化。"无论人们身处何种环境，住在哪里、生活怎样，我们都抱有同样的梦想和希望。"梅琳达·盖茨的话被印在一张海报上。海报前面放着被动式疫苗冷藏设备（Arktek）和Mazzi牛奶桶。郑志杰详细地向我介绍这些设备的来源和用途。这些对我来说遥远的事忽然变得如此亲切。因为它们关乎每个人的健康，也关乎一种梦想和希望。只要有梦想就有未来。

"未来依然值得期待。"郑志杰坚定地说。2050年时，在大规模接种的帮助下，脊髓灰质炎很可能成为世界上第二种被根除的人类传染病；HPV疫苗的公平可及则有可能让宫颈癌成为人类根除的第一种癌症；在新冠疫情中发挥重要作用的mRNA技术平台，将很可能助力我们在艾滋病、结核病、疟疾预防方面取得突破性的进展；而环境卫生技术的变革，例如无下水道厕所的广泛使用，也将保护更多人免受污染和潜在致命疾病暴发的危害；在农业领域，更高产、更能抵御气候变化的新作物将帮助小农户渡过气候危机……我们一起努力，大流行就可以避免，世界将变得更加公平和健康。

"他是一个极其敏锐、学识渊博，具有超强学习能力的人。"这是郑志杰对比尔·盖茨的评价。郑志杰印象最深的就是盖茨对他的面试，"当时还有点紧张，但是谈了几分钟后就不紧张了，我们交流了一个多小时。"我问郑志杰"盖茨是一位慈善家还是企业家"。他说，"盖茨先生是一位成功的企业家，也是一位成功的慈善家，他尤其强调慈善的影响力"，不仅如此，盖茨还有专家学者的博学、慎思和严谨。他接着说，盖茨是我们的榜样，特别是青少年的榜样。他希望青少年能充满好奇心和野心。这里的野心是指追求和梦想。教育不能让所有人成为"平均的人"。

　　我曾看到一个故事说，比尔·盖茨7岁时幻想制造一个香烟盒那么大但能把一大本大百科全书都收进去的魔盒。当然，他的"幻想"已经实现。我想，盖茨和盖茨基金会、郑志杰和中国，还有我们所有人，只要心中永远充满"幻想"并且付诸行动，"幻想"就一定会照进现实。

　　对了，科技创新就是来自幻想。

谢林德（Dennis Schilling，德国）：中国人民大学哲学院、新奥国际杰出教席岗位教授，曾在德国维尔茨堡大学、慕尼黑大学学习汉学、哲学和日本文化学，在武汉大学学习中国哲学，在慕尼黑大学获得硕士、博士学位和教授资格，曾在慕尼黑大学、马堡大学、台湾开南大学（桃园）和政治大学（台北）任职，在《易经》《庄子》等研究方面成果丰硕，产生较大影响。

14 谢林德

在汉学研究中寻找『生命』意义

我本以为，写汉学家的故事是最容易的。

但事实上，这是我遇到的最难写的文章。

因为，汉学家研究的问题太深奥，比科学技术更深奥。

第一次接触汉学家，源于 2022 年 7 月 20 日在北京语言大学举办的世界汉学家理事会成立大会暨世界文明与中国道路论坛。我参加论坛，聆听了诸多外国前政要、驻华大使、汉学家和国内专家学者对汉学的认识，其中德国汉学家谢林德教授给我留下了十分深刻的印象。

闭上眼睛，你一定听不出来他是外国人。品味观点，你更是感觉不到他是外国专家。他的纯正中文、他的汉学研究，让我骄傲又汗颜。

从汉学系出发，先"易"后难

在世界汉学家理事会成立大会暨世界文明与中国道路论坛上，谢林德教授回顾了汉学作为一门学科的创立与内部专业分化的过程，指出汉学常常提供一种"整合"的视角，将各种现象和发展置于一个更广泛的架构中。大多数情况下，这个"整合"的视角基于中国历史传统或文化背景，但是有时候一个跨学科的背景也能当作"整合"视角的基础。在中国历史中，"文""史""哲"三种知识领域从来都是相互拥抱、相互渗透的。

谢林德教授在世界汉学讲坛上演讲

因此，汉学以其综合的观点，可以阐明其他学科所不能阐明的关系，例如现代问题如何在历史框架上显示出来。这种综合性的视角并不新鲜，但是以专业方法为主的现代研究已弃之而不顾。

除综合视角以外，汉学的另一任务是其独特的"基础研究"：它将有关中国文化、社会和历史的生活与思想的知识资源带到今天的知识范围。换而言之，它致力于研究那些由于传统选择而被遗忘的知识，开辟新的知识资源，加深我们关于中国文化的知识。我被谢林德教授如此深的汉学研究造诣折服，原来谢林德教授先后在德国维尔茨堡大学和慕尼黑大学学习汉学、哲学与日本文化学，1985—1987年在武汉大学学习中国哲学，在慕尼黑大学获得硕士学位、博士学位和教授资格。

维尔茨堡大学成立于1402年，是享誉世界的高等学府，有600多年的历史，出过14位诺贝尔物理学奖、生理学或医学奖与化学奖得主，比如德国著名物理学家威廉·康拉德·伦琴（Wilhelm Conrad Röntgen）就在该校的物理研究所发现了X射线（也叫伦琴射线），他是全球第一位诺贝尔物理学奖得主。人文科学、法律和经济、生命科学及自然科学和技术是维尔茨堡大学最具优势的四大学科，该校在生物、医学、物理学和心理学等学科领域保持着国际水准。维尔茨堡大学汉学系成立于1965年，培养了大批研究中国的人才。慕尼黑大学汉学系更是早在1946年就创立了，是欧洲汉学研究的重镇，中国古代哲学史、宗教史、思想文化史和中国艺术与考古等是该系研究的重点。就是在这样的学术环境中，谢林德涉猎了诸多汉学专业领域，比如中国思想史、中国社会史、中国文学、中国哲学、中国宗教史、汉语语言学，而且熟读四书五经，熟谙中国传统文化。

　　但是对谢林德来说，对其学术生涯产生重要作用的还是 20 世纪 80 年代他在中国做交流生的那两年。硕士毕业之后，攻读博士学位，再次来华，搜集资料。他说，那时北京的冬天很冷，他经常泡在国家图书馆（旧馆）读书。阅览室里的人很少，有时就一两个人。但是他并不觉得孤独，因为他徜徉在浩瀚的汉学世界里，像一个发现新玩具的孩子，乐此不疲。这些积淀后来形成了他的博士论文，即关于中国经学"拟易"文学的起源和发展，其研究对象的时间范围

谢林德教授在中国人民大学校园

从先秦时期到明清时期，详细探讨了"拟易"经典的文体结构、思想基础及社会背景，并说明"拟易"文学的形式及其特点。

汉代扬雄仿《周易》作《太玄》，仿《论语》作《法言》，后人谓之"拟经"。那么"拟经"与"拟易"有什么区别呢？谢林德说，"拟经"是大范畴，历史上还有模拟《尚书》《春秋》等，清初朱彝尊《经义考》用"拟经"概念讨论这些著作的内容及其与经典的关系，"拟易"是"拟经"中的一部分。扬雄最早模仿《周易》卦象占辞系统。以"参摹"（三种数字符号）代替《易经》刚柔两种爻符号，以"方州部家"四位制度代替《易经》六位制度，以"参摹而四分之"的方式造成八十一首，代替《易经》六十四卦，以九个"赞"代替《易经》六个爻的占辞。《太玄经》天文知识很丰富，以汉代"三统历"为

谢林德教授和学生们交流谈论

基础，将《太玄经》思想结构与汉代时间观和空间观密切配合，譬如《太玄经》八十一首，各首有九赞，一共有七百二十九赞，每两赞主一昼夜，所以七百二十九赞代表三百六十四半日，增加"踦""嬴"两赞，就符合一岁的日数。《太玄经》的一个美妙特点是将宇宙论和人类文明史融合，成为一个大的系统，在中国哲学史上占有独特的位置。汉代有另一本著名"拟易"著作，叫作《易林》，作者不明，据传焦延寿、崔篆等人被指为作者，《易林》以用处为主，其结构基于《易经》变卦观点，六十四卦中每一个卦可以转变为另一个卦，所以有六十四乘六十四等于四千零九十六次的可能性，而《易林》对所有的可能性提供一个占辞，一共有四千零九十六个占辞。占辞的文学价值很高，之前已经被几位学者注意到，比如闻一多和钱钟书。

《易经》是儒家经典著作之一，古今中外，无数先贤尽毕生精力学《易》、操《易》，虽"日用而不知""仁者见仁，智者见智"，但揭开宇宙间万事万物运动、发展、变化规律的总法则是《易》之根本。基于多年的辛勤耕耘，谢林德的《周易》研究可谓是"炉火纯青"。1998 年出版《占辞与数字：汉朝占书〈太玄经〉及〈易林〉——有关〈易经〉问世至明末以来其演变、模仿及创新之探讨》（也是谢林德的博士论文）；2009 年出版《易经——新德译本》（附加导论及注释），并进一步研究《周易》占辞中的神话内涵；2004 年完成教授论文《佛教唯识宗在清末政治哲学思想中的回复与接受——论谭嗣同（1865—1898）与章炳麟（1869—1936）之著作》等著作。该文非常仔细地研究历史、文化、社会背景与众多学者的传记和出版物，以回答这样一个问题：像佛教唯识学这样的唯心主义学说为何突然受到许多学者的关注，并能够进入当时政治辩论中。谢林德也编过两本讨论中国古代文献中的妇女观的书。他还发表了《中国古代丧礼研究》《人的平等观与中国近代政治思想》《中国古代爱情观》《"泛若不系之舟"——〈庄子〉"逍遥"的存在主义哲学》等诸多论文。在中国哲学研究方面，谢林德的主要研究对象是《周易》和《庄子》传统思想，其他研究重点在于中国生死观、比较哲学、中国形上学和观念史等问题。

许多年来，谢林德曾在慕尼黑大学、马堡大学、台湾开南大学（桃园）和政治大学（台北）等高校任职，2016 年以来在中国人民大学

外国专家的中国情缘

谢林德教授进行学术演讲

哲学院担任新奥国际杰出教席岗位教授，指导博士研究生和硕士研究生，开设中国形上学研究、中国人生哲学研究、道家哲学和周易哲学研究等课程。

用"以名遣名"命题，会之一心

"语言是思维与研究的先导。"这是我在了解到谢林德精通德文、汉文、英文、梵文、满文和熟练使用拉丁文、日文、法文、俄文等多国语言后心中涌上的一句话。我想，他具有的这种掌握多国语言的能力和素养，是他之所以能将不同文化融会贯通的先决条件，也是他对多元文化驾轻就熟的重要原因。讲完他的博士论文，谢林德接着讲他的教授论文。他说，论文讨论了清末民初佛学唯识思想复兴的原因，以谭嗣同、章太炎（后易名章炳麟）的政治思想为主，说明清末唯识思想复兴的革命政治背景。

在交流中，谢林德主要阐释了他对章炳麟《齐物论释》的新议。《齐物论》是被誉为"钳揵九流，括囊百氏"的《庄子》中的一篇，位列《庄子·内篇》第二，重点在于"道"与"物"之间和"物"与"我"之间的关系，其内容既涉及价值观与认识论等重大命题，其形式亦构思精巧而论述精辟，极具思想性与艺术特色，故历代治《庄子》者，于此篇尤加意焉。一代儒宗章炳麟，学问湛深，著述丰赡，于《齐物论》亦颇究心，于辛亥革命前完成《齐物论释》。谢林德说，

《齐物论释》约为一百年前所撰作，当时许多学者积极涉入政治活动，舍生忘死，以笔为剑，而章炳麟为其中用力最深者之一，他的著作对现代思想史影响巨大。虽然《齐物论释》带有强烈的意识形态战争色彩，但其中的论据仍然极具哲学意义，尤其引人注目的是《齐物论释》的论辩结构，将《庄子》、佛家唯识学和康德哲学三种传统视为不一致的、脉络不相同的思维方式及观念，细腻结合、互相解释、连接一贯。

与章氏同时代的梁启超在其《清代学术概论》中评价《齐物论释》，谓"炳麟用佛学解老庄，极有理致，所著《齐物论释》，虽间有牵合处，然确能为研究'庄子哲学'者开一新国土"。由此可见，《齐物论释》的学术价值、思想价值不言而喻。谢林德在他的论文《"以名遣名"——章太炎〈齐物论释〉新议》中认为，《齐物论释》的思路发展是以语言为入手处，提出语言与思维的关系，同时用"以名遣名"等命题及论述来解构语言与主体的关系。语言是章氏《齐物论释》的核心问题。在庄子《齐物论》中语言与认识不是独立分开的事物，而是彼此交错连接的，语言的批判掀起认识的批判；然而章氏却将语言与认识能力分成两件事，并用佛学术语"名相"（即耳可闻者曰名，眼可见者曰相）来讨论这两者彼此之间的关系。章炳麟一开始就将"名相"带进对《齐物论》的解释，提到"'齐物'本以观察名相会之一心"，意即观察"名相"的目标在于"会之一心"，将"名相"虚构境界归溯到其产生的机制。庄子《齐物论》中的"地籁""天籁"都表达了"名相"的形成方式及过程。

谢林德认为，对章炳麟而言，语言制定人类思维形式的事实对人的世界观和文化有影响。思维进程缓慢的人感觉时间过得很快，"惜分阴而近死地"，所以展望死亡之后的另一个存在，在社会文化里产生出强烈的彼岸希望和救世信仰希望；思维进程快速的人则相反，享受今世的存在，救世欲望不强。总而言之，语言对思维的制定是人精神状态、社会组织、文化形成中最主要的部分。另一方面，如果更仔细分析章氏的语言认知理论，也可以看到，语言有不同的角色及地位；语言有先验功能，以此形成人的心理想象；语言也有根据经验而成的后天功能，制定人的思维形式及其精神态度，但是如果从佛教"真际"或康德所谓"物自身"来看，"名"与"相"都是虚构的事物。"名"为"相"的基础，而且语言的虚构性造成现象的虚构性。他强调，章氏重视语言、以语言为认识的基础，其原因在于以此说明人思维方式的虚构性，同时也说明了人的思维不能脱离其语言，也无法抵达语言之外的真实。语言在章氏《齐物论释》逻辑中占有关键性位置，并形成其认识论的观念基础。

谢林德的研究对今人的人生观、价值观和世界观的形成是有着重要意义的，也提醒我们要重视语言的作用，语言是认识的基础，思维不能脱离语言。据德国出版的《语言学及语言交际工具问题手册》，世界上查明的有 5651 种语言，语言是民族的重要特征之一。因此，我想汉学要发展，必须很好地普及汉语。从 1909 年德国汉堡成立了第一个汉学系至今，德国汉学研究也走过了百余年历史，但是汉学研究的人才流失现象一直存在着。

谢林德认为，目前中国学术活动多方面缺乏国际化，所讨论的问题基本上都只与中国有关或者从中国的观点而谈。比如，如果一个德国的学者学习法语，他就能看到许多学科理论方面重要的书，法语是英语之外一个重要的"国际学术语言"，除了与中国相关的学科（中国社会、中国文学、历史等），中文还没得到这样的一个位置。另外，现在语言教学重视社会交际，重视会话和听力，不重视写作和阅读。对欧洲人来说，拥有良好的中文阅读能力非常困难，需要花费很多时间和心力，所以很少有人能拥有。这些都不利于汉学研究的发展。因此，谢林德很喜欢现在的工作环境，"我和我的学生们一起做研究很愉快。他们都能有机会也能读懂中国文化的各种典籍。"面对很多像谢林德一样的汉学家，我想说：我们每个中国人对汉学研究都应该有一份主动担当和积极作为。首先，因为我们会汉语呀！

从"生命论"说起，观照社会

"死亡论"和"生命论"，也是谢林德教授的重要研究课题。他从先秦哲学中"生命"概念的研究说起。

"我的研究目的在于试图讨论先秦道德观如何'评价'有生之物的生命功能。就是说，道德观如何'影响'人对'生命功能'的理解。我的论点之一就是古代人对有生之物及生命作用的观点受到当时道德观的限制。先人怎么看生物、对'生命功能'有什么理解等这类的知识……都是一个只有部分地通过实现观察或实现经验而形成的。然而，形上学信仰及道德价值成为早期生命功能的基本组织，就是进行控制及限制经验知识的解释。"谢林德在他的论文《"天生"与"人生"：探究先秦哲学中的生命观》中这样写道，虽然在中西古代伦理学中，"生命"形成了一个核心概念，但是对古人来说，"生命"是什么、"生命"包括什么功能、"生命"有什么价值，在两个传统之中存在众说纷纭、学说不一的现象；而且两者的研究方式及观点也有许多差别。随着科学的发展，我们现在看生命，都是从生物学、医学、生命学等角度来看，但是，古代人对生命的思考有一个共同点：道德观的影响。

谢林德认为，我们怎么理解生命与我们怎么想生活也有关系，所以生命观与社会观密切相关。自古以来，"功能"概念与"生命"概念密切相关。古代学者常常从有生之物所特有的几种"功能"出发归纳"生命"的原则，例如根据柏拉图的理论，有生之物具有"动性"，而且他们是自己行动的发动者，发动的主体是有生之物的灵魂。宇宙有这种"动性"，又有灵魂，所以可被视为一种有生之物。他强调，与传统思想不同，现在伦理学与生物学的生命概念的范围不一。伦理学的对象基本上是人生，而生物学的对象是生命。所以，生命与人生有别。人生是"人的一生"，人生也可解为"人活在世上"，焦点在于人的行为与人伦意义，在于人的社会存在。最近几十年，要离开以人为中心的伦理学理论一直在发展，将人生与生命重新结合，但是理论基础还是生物学或医学的生命观，与古代传统社会中"人生"与"天生"还未区分的生命观不同。

那么，讨论生命的伦理意义对于现代社会有什么作用呢？谢林德认为，生命的伦理意义涉及伦理学与生命学。现代社会面临着现代医学的机械化、生物学新科技的发展等，这两个学科彼此之间的问题受到较多的关注，例如堕胎流产、安乐死、保护动物等，在现代社会伦理学中有相当大的争议性。但是，为什么不从另一个角度看生命？这个问题引起他研究中国传统的生命观的兴趣。他说，虽然先秦哲学并不能代表中华传统的全部思想，但分析先秦哲学家们所提出的生命具有何种作用，并确定它们如何定义生命概念中伦理学的意义，可以提供一种了解生命观若干特点的新方法。比如，以孟子所谓"人之所以异于禽兽者几希"为出发点，他试图讨论孟子眼中有生命之物的异同和他们的异同对人生的道德有什么意义，并用这个分析来探讨孟子眼中生命的意义。总之，由人与动物差别的问题出发，分析出生命的伦理学价值。

后来学者将"人与禽兽"的差异归于他们拥有不同的气质，《孟子集注》曰："人物之生，同得天地之理以为性，同得天地之气以为形；其不同者，独人于其闻得形气之正，而能有以全其性，为少异耳。"朱熹认为，人与动物本体论的差异在于形气之正与不正的区别。形气如正，具有"全其性"的能力，然而"闻得"还不是实现，君子能履行其所"闻得"的知识与能力。形气如不正，这种能力似乎不存在。但是孟子不讨论气质，他讨论"本心"或"不认人之心"，人与禽兽的不同在于人的同情，从本心来看，人不能接受看他类之困，但是人的本心易于减弱，常常遇到残酷无情的事情就会习惯暴戾，所以孟子说："君子之于禽兽也，见其生，不忍见其死；闻其声，不忍食其肉。是以君子远庖厨也。"

谢林德教授在中国人民大学成仿吾雕像前

《荀子·王制篇》则这样说："水火有气而无生，草木有生而无知，禽兽有知而无义，人有气、有生、有知，亦且有义，故最为天下贵也。"人作为动物之灵，肩负着责任。人独有的本质是"义"。"义"所包含的作用是"分"。基于这种作用，人才能"群"。人不"分"，人所独有的本质就无法实现，而且无法实行高级社会组织的功能。人有"义"，所以可以保住其卓越突出的地位。如果人不"分"不"群"，一直不让其独有的特质得以体现，人就变成一种普通的动物，完全靠身体功能而活。

但是，谢林德认为，要理解荀子"人有义"的意义，要理解"有气""有生""有知"和"有义"之间的关系，换言之，要理解生命内在结构。他说："荀子对于生命的基本观点是，生命具有生长能力及自卫本能。"其实，四种本质与生命功能有关，水、火的"气"有动性、温度保持能力等，但是缺乏植物与动物的繁殖能力"生"（"生"不指"生命"）。植物有繁殖能力，就是在这种生命状态下出现个体化，有生死的个体出现。与其他类彼此互动的动物有"知"的基本沟通本能，所以野兽有欲望等，要饮食，要滋生。但是，生命并没有组织，节制野兽的食色欲望，所以各种物种彼此之间可能互相伤害、互相摧残，一种生物会夺取其他生物的生命条件。根据荀子的观点，因为有"义"，人才能落实一个对所有有生之物有益的制度，保持万物各种各类的永续性和其生命循环。

谢林德从"'生命'为道德与生物学的对象""孟子讨论人与禽兽的差异""荀子的四种本质说""'由仁义行'与'行仁义'的差别""列子为什么'三年不出，为其妻爨，食豕如食人'"等方面阐释了生命观。他认为，庄子评论生命功能的结论与孟子的和荀子的相反。对于庄子而言，生命的功能不只在于延续后代，应该更普及于生命当中，所以他认为生命"未始出宗"。庄子指点生命的一致性，取消人与动物的优劣之差，都显示出庄子的政治思想。以社会作为一种诠释模式，将之用于解释人与动物的生命功能，庄子、孟子及荀子以社会观确定万物与一物之间的关系。在这方面，庄子与孟子、荀子的生命观又是相同的。

2014 年 10 月 15 日，习近平总书记在文艺工作座谈会上的讲话中指出，"求木之长者，必固其根本；欲流之远者，必浚其泉源。"

中华优秀传统文化是中华民族的精神命脉，是涵养社会主义核心价值观的重要源泉，也是我们在世界文化激荡中站稳脚跟的坚实根基。习近平总书记也多次强调，文明交流互鉴是推动人类文明进步和世界和平发展的重要动力。每一种文明都延续着一个国家和民族的精神血脉，既需要薪火相传、代代守护，又需要与时俱进、勇于创新。

本书作者在母校采访谢林德教授时合影

因为，了解一个国家和民族，首先要了解它的语言、历史和文化。今天我们说要讲好中国故事、传播好中国声音，向世界展现一个真实、立体、全面的中国，展现可信、可爱、可敬的中国形象，首先要讲好中国语言、历史和文化的故事。

我从谢林德等一大批汉学家身上看到这份热爱、希望，还有榜样。作为中国人，我对汉学的了解实在是匮乏得很。当然这种匮乏的认识也许是不准确的。因为，汉学就是我身体里汩汩流淌的血脉、深深滋养我的文脉，是我之为我的基因，那是我的"天生"，也是我的"人生"。

中国人民大学是我的母校，谢林德教授的办公室就在我曾就读学院的楼下。那天是 9 月 1 日，由于疫情，校园里还很安静。谢林德教授在学校门口接我，来到会议室，我一眼就望到桌上摆着两盘水果。秋日的阳光温暖得刚刚好，带水珠的水果在夕阳里熠熠生辉。"万物各类的生命意义不限于保护自己的生命，同时也在于满足人或其他生物的生命需求。"桌椅和板凳，太阳和水果，花草和道路，我和谢林德教授，我们都是有意义的，这种意义超越了生命本身，也超越了万物存在。

那么，这种意义到底是什么呢？我想，从汉学研究开始，一定是一个探寻的好办法。

柯马凯（Michael Crook，英国）：中国工合国际委员会主席，2004 年度中国政府友谊奖获得者。其母亲伊莎白·柯鲁克是从成都华西坝走出的最高国家荣誉中华人民共和国"友谊勋章"获得者。

15

柯马凯

也用一生爱中国

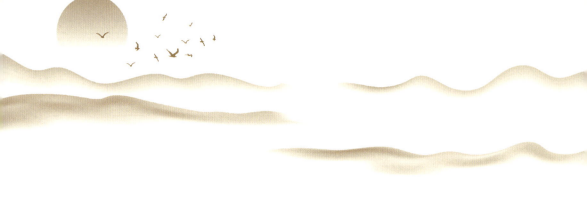

早就想写写柯马凯，因为他是外国专家中的名人。

2017 年我调到国家外国专家局工作，最初听同事们说得最多的外国专家名字中就有柯马凯。他们说他的时候，那感觉不像在说一个外国人，而是在说一个中国人或者自己的同事和朋友。

但是，我和柯马凯真正的见面却是在大概一年半以后。2018 年12 月，在北京外国语大学举办的伊莎白·柯鲁克教授 103 岁生日会上，我见到了柯马凯。虽然在那个热闹的场合里，我没有和他打招呼，但是会上播放的视频讲述了他们全家的故事，让我几次流下眼泪。

全家与中国命运与共，父亲坚持
读完《毛泽东选集》

柯马凯是一位名人，其实比他更有名的是他的父母——大卫·柯鲁克（David Crook）和伊莎白·柯鲁克。特别是他的母亲伊莎白·柯鲁克，1915 年 12 月出生，加拿大籍，北京外国语大学终身荣誉教授。她是 1980 年国务院批准认定的第一批"外国老专家"，也是中华人民共和国"友谊勋章"获得者。

记得我来《国际人才交流》杂志工作的时候，我的同事总是把"外国老专家"挂在嘴上。我在审稿的时候，就对这个"老"字费解。我的同事告诉我，"老"是一个荣誉，现在称得上外国老专家的并不多了。

后来，我认识了伊莎白的"中国孙女"傅涵女士，并且请她多写写伊莎白和她身边其他的外国友人。她从最开始以"不擅长写作"为由推辞，到后来不仅写了很多，还拍了自己的处女作纪录片《西方女人类学家的中国记忆——伊莎白·白鹿顶》。

我正是在伊莎白教授 103 岁生日会上，被傅涵的纪录片深深震撼。因此，写柯马凯，一定要先讲讲他的父母的故事。

伊莎白·柯鲁克纪录片首映式

伊莎白的父母是加拿大传教士。父亲饶和美于 1912 年任华西协合大学教育系主任；母亲饶珍芳创建了中国第一所蒙台梭利幼儿园（现成都市第十一幼儿园），曾任成都弟维小学校长，并兼任成都市盲聋哑学校（现成都市特殊教育学校）和成都加拿大学校校董。

1915 年，日本向袁世凯递交"二十一条"，陈独秀创办《青年杂志》。伊莎白在成都四圣祠教堂对面的房子里出生了，父母为她取了个中文名字——饶淑梅，希望她善良淑美，顽强如梅。

后来，伊莎白（饶淑梅）用一生的时间从事人类学研究，我想这与她的童年有关。"我的父母从事教育工作，所以他们特别注重解放孩子的天性。"每年夏天，为躲避成都的酷暑，伊莎白一家都会来到距成都 70 千米的彭州市白鹿顶度假。"白鹿渺渺随仙惟古镇鹃啼依稀蜀韵，丹花盈盈语客有教堂诗唱仿佛欧风。"就是在流沙河笔下的白鹿顶，伊莎白开始了与中国乡村不解的世纪情缘。

为了让女儿接受更好的教育，1928 年父母把伊莎白送回加拿大念书。10 年后，伊莎白从多伦多大学硕士毕业后回到成都。时年 23 岁的伊莎白正值青春曼妙的年纪，她开始走向藏区做社会调查。抗战时期，为研究如何发展乡村建设、改善农民生活，25 岁的伊莎白和 26 岁的俞锡玑开始了探索乡村社会实践，对四川省璧山县兴隆场的 1500 户人家进行了挨家挨户的田野调查。2013 年，这部社会人类学领域首部由西方与东方女人类学者合作完成的巨著《兴隆场》出版，这份珍贵的手记细腻、翔实地记录了抗战时大后方的大量日常生活细节，堪称社会人类学及民国史、乡建运动史的必读之作。

1940 年，志同道合的伊莎白与大卫·柯鲁克相识相恋。他们经常相约骑游，总有聊不完的话题。他们始终关注、同情社会的底层，从战乱的西班牙到沦陷的上海，从白鹿镇周边的贫穷山民到杂谷脑河畔的农奴，他们都怀有悲悯之心。早在 1937 年，因西班牙内战负伤的大卫·柯鲁克在白求恩所在的医院养伤期间就读到了埃德加·斯诺的《红星照耀中国》。因此，1941 暑假他们相约来到《红星照耀中国》里描写的红军冲过的铁索桥，面向大渡河、在泸定桥上，他们同时向对方喊出了心中最热烈的爱恋，定了终身。1942 年，伊莎白和大卫·柯鲁克这两个相爱的人结婚了。1947年，为考察和报道中国解放区土改运动，伊莎白与丈夫大卫·柯鲁克穿越重重封锁来到边区，完成了《十里店——中国一个村庄的革命》这部具有重要影响的著作。1948年，应中国共产党邀请，他们前往刚刚成立的中央外事学校（北京外国语大学前身之一）任教。办学之初，面临的最大困难就是教材严重缺乏，他们一方面从英文杂志中挑选适合的教学材料，一方面自己动手编写教材。新中国成立后，学校迁往北京，后来发展成北京外国语大学。他们在那里工作半个世纪之久，在英语教学、教育改革等方面革故鼎新，是新中国英语教学的拓荒者，为新中国培养了大量外语人才，为中国教育事业和对外友好交流做出了杰出贡献。

"外国老专家"
伊莎白·柯鲁克

在 20 世纪六七十年代，伊莎白与丈夫历经磨难，大卫·柯鲁克坚持读完了《毛泽东选集》。多年以后，伊莎白与大卫·柯鲁克怀着无私的国际主义精神，在各种演讲和采访中向世界介绍中国的发展与进步，以及中国共产党的功绩。说他们是中国共产党和中国人民的亲密战友实在是当之无愧，并且这种基因被很好地传承下来。随着越来越多地了解柯马凯，我就越来越坚定这种认识，并为之骄傲。

一家六代与中国教育紧密相连，爱一直在延续

前一段时间，由天地出版社出版的《我用一生爱中国：伊莎白·柯鲁克的故事》获得中宣部第十六届"五个一工程"优秀作品奖，这是一部反映柯马凯母亲伊莎白·柯鲁克百年人生的报告文学。早些时候，我从柯马凯那里得知这本书，就购买了几本，自己读和送给好朋友。这部 35 万字的报告文学图文并茂地讲述了伊莎白·柯鲁克的百年人生故事，并以其生在中国、长在中国，历经抗日战争、解放战争、新中国成立，参与新中国建设，投身英语教育事业、促进对外友好交流、亲见新时代的发展巨变为主线，生动展现了伊莎白"用一生爱中国"的人生主题。

该书作者谭楷在书中写到一个细节。中华人民共和国向全世界宣告成立时，伊莎白和丈夫大卫应邀登上天安门观礼台，亲眼看见五星红旗在万众欢呼声中冉冉升起。她是光荣的国际友人，又是刚生下幼子的母亲，观礼过程中不得不离开一会儿，横穿长安街，回到东交民巷的家中，给两个月大的儿子哺乳。离开时，大卫对伊莎白说："你要牢牢记住，我们在观礼台所站的位置，对着'人民'两个大字——记住'人民'，'人民'！""人民"两个字被伊莎白牢牢记在心中。

柯马凯在北京外国语大学校园骑着他的旧二八自行车

"人民""红色"也是我对柯马凯的印象。2022 年夏天，我和同事约柯马凯谈事。我先到的目的地，等他到了，我出来接他。他骑着一辆旧二八自行车，看到院子里的机动车感慨道："现在国人为什么都开进口车，'红旗'不好吗？我们得用国货，不能崇洋媚外。"

这番话让我想起第一次真正与柯马凯见面交流的经历。那是在 2019 年 11 月，科技部国外人才研究中心与成都市科技局（外国专家局）联合举办"高端外国专家成都行"活动，组织外国专家参观调研成都科学城、成都规划馆和成都多家高新技术企业，并进行座谈交流。来自乌克兰、比利时、日本、瑞士、澳大利亚、泰国、英国的 7 位高端外国专家结合自身的研究领域做了精彩分享。作为中国工合国际委员会主席，柯马凯在会议上的发言令人印象深刻。

他讲述了他们全家与成都的故事、与教育的故事及对人才的看法。从伊莎白的外祖母到她的曾孙女，六代人的生命都和中国教育紧密地连在一起，并且仍然在延续。柯马凯的外祖父参与创建华西协合大学（今四川大学华西医学中心），外祖母参与创办蒙台梭利幼儿园（今成都市第十一幼儿园）、弟维小学及成都市盲聋哑学校（今成都市特殊教育学校）。柯马凯的父母帮助创建中央外事学校（北京外国语大学前身之一）。1994 年，柯马凯和朋友创办了北京京西学校，为来华的外籍人士子女提供国际教育。2010 年，在华西协合大学创办 100 周年之时，伊莎白的孙子柯晨霜从北京大学医学院毕业，来到祖辈生活和工作过的华西医学中心，进入烧伤整形外科工作。

柯马凯说："大约 20 世纪 20 年代，我的曾外祖母丧偶后来到中国看望女儿，期间还在成都加拿大学校教法文。妈妈在中国主要做人类学研究、英语教学，抗战期间也从事过幼教工作。我的女儿，在北京从事幼教，六代人中有三代人在中国从事或正在从事幼儿教育，真是天大的缘分啊！"

四川是伊莎白教授的出生地。柯马凯来到母亲小时候成长的地方，别有一番感慨在心头。他说："这些年来，成都的变化特别大，已经变成一个现代化的城市，看好成都的发展。"就在调研同年 6 月，柯马凯哥仨陪 104 岁的母亲回到四川探亲，不仅来到成都，还重上白鹿顶。

"距离成都市区约 60 千米的彭州白鹿镇，有一座始建于 1865 年的天主教堂。教堂外观很像缩小版的巴黎圣母院。管风琴弹奏起来，群山回响，幽谷震荡，专家们为彭州风景命名时，将此景命名为'白鹿天音'。19 世纪以来，白鹿镇就是在川外籍人士消夏的集中地。"《我用一生爱中国》里这样描写。

"感谢父母把我生在中国。"这是伊莎白的心声。根据柯马凯在中国办教育的那股子劲头，我觉得这句话其实也是柯马凯的心声。

柯马凯兄弟三人都出生在北京，柯马凯曾在英国学习工作，也在加拿大待过。他说自己已经 71 岁了，累计在中国已经有五十几年了，这些年他做的最了不起的事情就是办了一所学校。因为，世间最大的功德就是办学校、办教育，办好学校、办好教育。

柯马凯、本书作者与其他外国专家在成都调研

说到为什么要办京西学校，柯马凯说："我觉得教育问题是一个非常重要的问题，影响一代一代人。虽然外国人在中国办学有悠久的历史，但是1952年以后基本上就不让外国人办学了，但是外交人员除外，后来北京相继办了一些使馆学校，但是他们不对外，只招收外交人员的子女。"众所周知，改革开放以后招商引资，大批的外国人来到中国，他们不是外交人员，他们的子女不能上使馆学校也上不了中国学校。"20世纪八九十年代，这个需求量特别大，可以说供不应求。后来国家政策放宽了一些，允许使馆学校招收一些非外交人员的子女，比如美国使馆办的学校可以招收美国商人的

子女。可是学校归教育部门管，不是外交部门管，所以需要搞一个新体制。"柯马凯说。

在这样的形势下，1993年已经教了10多年书的柯马凯和几个做教育的朋友着手申请办学。由于外国人在中国办学无法可依，也没有经费，单靠热心热血是不行的。后来，他们经过多方调研、认真思考，积极与需求方沟通。比如，一些大公司、国际组织需要从国外引进一些雇员，这就需要解决雇员子女在京上学的问题。"后来他们出资，我们办学，基本上就这么个形式。但是，在申请的过程中遇到很多困难，因为教育部门对我们不了解。后来，我们遇到我父母的学生，他们很惊讶地说'这不是我们老师柯鲁克的儿子吗'。这样很多事情就好办多了。"柯马凯说，1993年夏天开始筹办，

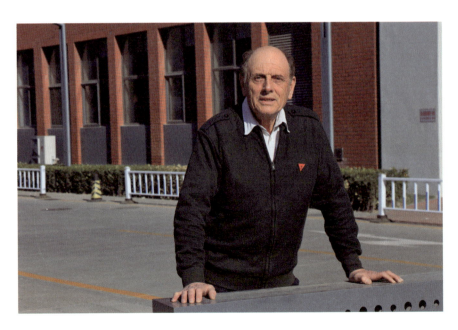

柯马凯在北京外国语大学校园

1994 年 9 月 1 日京西学校就开学了。目前，北京已经有 20 所外籍人员子女学校。

学校开办 28 年来，招收的全都是外籍人士的子女。他们的学习时间有长有短，有从幼儿园一直上到高中毕业的，也有待一两年的，平均在校时间是 5 年。平常在校生 1000~1500 人，生源比较稳定，基本上是在京工作的外国人，包括外交人员、外企外商和外国专家的子女，还有少数是国际组织工作人员的子女。其中外企外商的子女居多，超过 70%，外交人员子女占 15%~20%，外国专家子女没有达到过 10%。"我是有一种遗憾的，因为我是属于外国专家这个圈子里的。实际上，生源代表的基本上就是在京外籍人口的构成。但是，外国专家子女生源少不是说外国专家少，而是因为外国专家这个群体与外商不一样，很多外国专家来华也许放弃了更好的物质生活，对中国喜欢、热爱，有信仰、有感情，他们不稀罕我们的国际教育，来到中国就要让孩子上中国的学校，融入中国的文化。"所以，柯马凯认为，外国人子女来到中国最理想的办法就是和中国孩子一起上学。

1995 年 4 月国家出台的《关于开办外籍人员子女学校的暂行管理办法》明确提出，为给外籍人员子女在中国境内接受教育提供方便，完善对外籍人员子女学校的管理，促进我国的对外开放，制定本办法；在中国境内合法设立的外国机构、外资企业、国际组织的驻华机构和合法居留的外国人，可以依照本办法申请开办外籍人员子女学校。"实际上这是和我们商量后拿出来的一套办法，中国这个做法我非常赞同，就是先行先试。我们 1994 年办学，国家 1995 年出台管理

本书作者与伊莎白·柯鲁克、柯马凯在北京人民大会堂参加外国专家新春座谈会

办法。"我想这就是改革开放精神，由此也理解了很多外国专家点赞改革开放、点赞新时代的真情实感。

除了外国专家子女生源少的遗憾，柯马凯还有个心愿就是在京西学校开设中英双语教学，而且他坚信会得到家长支持的。"我想如果做一个需求调查的话，很可能百分之三四十的家长都愿意选择中英双语。"但是目前学校囿于成本和师资，还没有实现这个目标。

关于教育问题，柯马凯特别强调，要让孩子们树立民族自信和文化自信。他说："崇洋媚外是不对的，虽然教育要国际化。"是的，教育越是国际化，就越要坚定文化自信。

与父母在一起的美好日子，
都一去不复返了吗

"有的人喜欢写自传，我是永远不会写的，因为我不爱写字，所以你的录音回头发我一下。以后我老了，想回顾一下我当年怎么说的时候，我就听听。"当我征求柯马凯的意见要做采访录音的时候，他提了这个小要求。现在我听他当时的声音，心里有一种莫名的忧伤。想起叶芝的那首诗《当你老了》。

> 当你老了，头发花白，睡意沉沉
> 倦坐在炉边，取下这本书来
> 慢慢读着，追梦当年的眼神
> 你那柔美的神采与深幽的晕影
> ……

柯马凯也是 71 岁的老人了，但是在 107 岁的母亲伊莎白教授面前的确还没有老，所以他还会说"以后我老了"。

"小时候，我非常热爱体育运动，主要是爬山、游泳和滑冰、滑雪。"古语讲，仁者乐山，智者乐水。山和水是柯马凯全家时常拥抱的地方，那里诞生和播洒了柯马凯最快乐的时光。

"那时候可以滑冰的地方很多，比如昆明湖、紫竹院。基本一入冬，12 月初或者中旬就可以滑冰了。但是当时群众参与难，因为冰鞋是专用的，也有自制冰鞋的。就是给一双硬点的鞋从前到后绑上一根钎丝，因为它没有刃，所以侧推的时候经常起火，也滑不快，不过起码能在冰上出溜。还有冰车，就是几个木板一拼，下面来两根龙骨似的东西，也就是铁丝。还有人找来工厂里的角钢，把它钉在木板上，这个就可以滑得好。"柯马凯坦言，由于大卫·柯鲁克夫妇是外国专家，待遇和收入要比一般人家高一些，所以父母就花钱买冰鞋。他们不仅带柯马凯兄弟三人，还经常请一些学生一起滑冰。

"我记得，老妈经常说有一次他们带学生去滑冰，有个学生穿冰刀的时候，发现他竟然没穿袜子。一问得知他们家特别穷，后来我父母就想怎么帮助家庭贫困的学生，还要照顾他们的感受和自尊，就在北外设立了一个柯鲁克夫妇助学金。"说到滑冰，柯马凯还有满满的回忆和浓烈的感受。

他说，20世纪五六十年代的时候，紫竹院没有围墙，是开放的。但是随着城市化进程加快，管得越来越多、越来越严，比如滑冰。近几年，紫竹院每年开一两个冰场，都是要收费的。而且冰场大概占紫竹院湖面的1/5或者1/4，那剩下的4/5或者3/4能不能滑呢？政府要保障群众安全是好的，但是公园是人民的公园，是不应该以盈利为目的的。

很遗憾，虽然我在东北长大却不会滑冰，当时还羡慕过在北京可以滑冰的好朋友。柯马凯不仅会滑冰还是冬泳爱好者。他说小时候经常游泳的那条河就是现在的昆玉河。从昆明湖到西直门的一段叫高粱河也叫长河，元朝就有，是老运河了。20世纪60年代的时候，河道被拓宽，往南连到了玉渊潭，昆明湖到玉渊潭这段就叫昆玉河。

当时挖运河的时候动员沿线群众，包括北外的老师，伊莎白教授也参加了。"那时候随便游。后来河边挂了好多'禁止游泳'的牌子，当然这是善意的。我还挨过罚。这些年，冬泳爱好者不断地呼吁和反抗，甚至把栅栏的栏杆锯掉开个豁口钻进去也要游。后来豁口被焊上，细铁改成粗铁……这几年令人特别高兴的是终于合法化了。大标牌上的'禁止游泳'改成了'文明亲水'。毛主席 1966 年 7 月 16 日畅游长江，他号召我们全民健身，倡导到江河湖海里头去游。'到中流击水，浪遏飞舟'，你看毛主席的《沁园春·长沙》的诗词多么豪迈呀。到江河湖海里游的感觉是在游泳馆里找不到的。邓小平也特别喜欢游泳。前些日子，有的河边栏杆上还挂上了救生圈，我觉得非常好。但是，长河还有个不足，就是游船和游泳是存在矛盾的，人和快艇发生碰撞是很危险的。我建议，从时空上合理安排一下。走游船也挺好，我自己也坐过，带着老妈也坐过。"

柯马凯每年坚持冬泳，他还建议冬奥会可以增加冬泳项目。他说，他的冬泳是受儿子启发的。他家老三在北外附小上五年级的时候，有一个同学的父母喜欢冬泳。他们冬泳时就带上了老三。老三从 11 岁时开始冬泳，后来他和老三一起冬泳，算下来有 30 多年的历史了。冬泳讲究的是什么呢？"都说是要天天下水，一天不下身体就不适应了，必须得从秋天开始，水温一摄氏度、一摄氏度地下降，人一点一点地适应。但是我没有这个问题，我十天半个月没下水，照样下去没问题。"柯马凯非常自信地说。

现在，冬泳还不是很普及，因为不是一般人能承受的。但是据科学研究表明，低温对人体是有好处的。"反正我每次冬泳后，都觉得又年轻了 10 岁。我知道从中医上来说，冬泳对人体不好。中国传统思想非常了不起，但是我觉得有的也不可取，比如什么都要中庸吗？热了不行，冷了也不行。我要么喝热水要么喝冰水，我最不喜欢温水。你看我老妈已经 100 多了，她是保养的吗？我们从来都不用补品。我们认为，健康在于运动。小时候我们冬天滑冰、夏天游泳，平时不管天冷天热都去爬山。20 世纪 50 年代的时候还是小周末，星期六上午还得上班或者上学。那时我在崇文门那边住校，吃过午饭倒几次车才能回到北外。有作业的话，做点作业，晚上我们全家就到香山那边找个小店住下，一家五口住一间房两张钢丝床，我父母就打地铺。第二天一大清早，我们就去爬山。有时候我父母骑自行车，我们太小了就坐一辆三轮车，现在家里还有当时的照片。我们一家人都是特别爱运动，我爹晚年还经常到友谊宾馆游泳。后来有人说，你爹都 80 多了，天天来游泳，万一患心脏病或者出个事，我们可担待不起。我说，我爹晚年腿脚不行了，走不了路，他最自在的就是游泳了。后来我们签了个协议，就是如果出事了责任自负。我爹是 90 岁去世的，临住进协和医院前一天还在游泳，所以他特别幸福，很安详地走了。当然我老妈的基因更好。要说养生的办法，一个是多动，比如她每天早晨起床前，穿着睡衣就要做一些操，还有作息习惯好。我觉得，中国过去有一个工间操制度非常好，我现在还喜欢做 20 世纪 50 年代的工间操。老妈也打太极拳，后来做八段锦，一直做到 100 多岁。"柯马凯说，伊莎白教授有兄弟姐妹五人，其中两个在 3 岁左右夭折，现在姐妹仨人都是百岁老人，一个在中国，一个在英国，一个在加拿大。前一段时间，三姨在 101 岁的时候走了。

喜欢佩戴工合胸章的柯马凯

至于他们家长寿的原因，柯马凯说，基因是一方面，还有良好的生活习惯与医疗卫生条件的长足发展。

时间过得很快，也很快乐。柯马凯讲述了很多我不知道的故事，从前的北京生活、外籍子女上学问题的发展进程及他们家的日常生活故事。在见诸图书报刊和影视作品中的伊莎白教授宏大的故事后面，埋藏着那么多温暖和细碎的一去不复返的时光，而且全是柯马凯的视角和感受，更是难得和珍贵的。在这里，我发现很多密码，关于人生观、世界观和价值观。

已近中午，我邀请柯马凯与我和同事王春晓一起吃午饭，他说
要回去陪老妈吃饭。

人生是一条多么湍急的河流，

河水流过的地方，谁会记得？

只有那些勇敢执着的人们，

才会奏响铿锵的壮歌。

流淌过不重要，

重要的是深深地爱过！

爱每一天如约的朝阳，

也爱也许昏沉的日落。

爱每一朵静静的花开，

也爱每一株漫漫的凋谢。

爱山多陡峭，

爱土地蓬勃。

爱路多泥泞，

爱天空辽阔。

"你遇到的状况越多，

你收获的经验就越多。"

——她对困难如此解说。

最让我动容的是，

每次到大卫生日的时候，

她和全家人就来到丈夫的铜像前，

用她红袖轻轻地拭去点点尘埃，

一下一下地把最爱的人抚摸。

虽然，他已经变成一尊铜像，

她依然盛满一杯酒，

倒进爱人的嘴里，喂一口。

她没有流泪，我却泪雨滂沱。

百年沧桑，山河巨变。

困难时期，她要求减少专家工资，

条件好了，也不换房坚持爬楼梯。

她和他把一切都献给了中国。

参加生日活动，我是走着去的。

走着走着，突然被一个台阶绊倒。

我重重地摔了一跤，坐在地上。

我坐在地上，深吸了一口——

夹着霾的冷风。我笑了。

因为，我还是一个孩子，

一个还在蹒跚学路的孩子。

在 103 岁的伊莎白面前，

谁说，谁不是呢？……

这是 2018 年我参加伊莎白教授 103 岁生日会后写的一首小诗。
今年，伊莎白教授已经 107 岁了。我想等我老了，再看这些文字，
心里一定就像初春的天空，响晴响晴的。

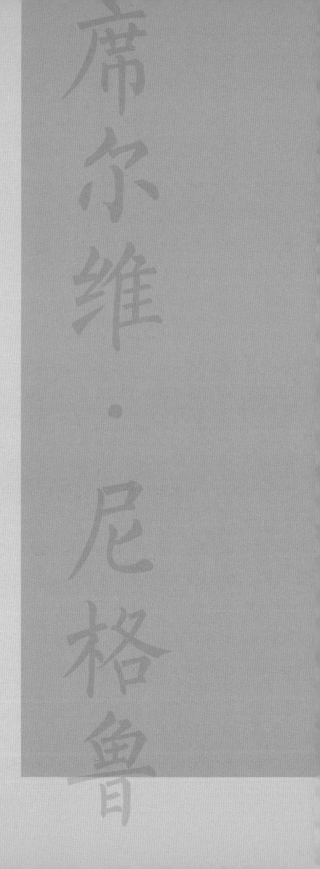

席尔维·尼格鲁（Silviu Constantine Negru，罗马尼亚）：曼德电子电器有限公司首席工程师，17年线束工程师从业经验，曾服务宝马、奔驰等汽车品牌。

16

席尔维·尼格鲁

中国一定是此生必去的地方

"保定"一词，最早出现在《诗经》的《小雅·天保》中，为"保佑安定"之意。

在原始社会末期的唐虞时代，今保定市分属于冀州和幽州；1935—1968年，河北省政府"几进几出"保定；2017年，保定市雄县、容城县、安新县三县及周边部分区域被设立为雄安新区。

保定还有十几所大学，包括创办于1921年的教育部与河北省人民政府"部省合建"的高校——河北大学。那里还有成立于1984年的中国汽车品牌——长城汽车等。

这些公开的信息，我们很容易知道。鲜为人知的是，在保定还生活着一群外籍人才。他们为什么在保定工作和生活？或许，从席尔维的故事中可以找到些答案。

成为中国的线束领导者，
是他来这里的底气

"我是 Silviu， 来自罗马尼亚，现任职于长城汽车曼德电子电器公司。我的职务是一名主管工程师。36 岁的我有着近 17 年的汽车工程师从业经验。时光荏苒，我在曼德电子电器工作快 3 年了。"

2021 年 7 月，席尔维来到长城汽车子公司曼德电子电器有限公司（以下简称曼德公司）任职。从接到曼德公司的邀请到来到公司，中间有两三个月的时间，这段时间他考虑了很多关于公司和中国的

席尔维·尼格鲁

情况。比如，中国到底是什么样的国家，来中国工作到底会有什么发展前景，能否适应中国的生活等，这些问题在席尔维头脑中萦绕着。

其实，早在 2016 年他就了解了长城汽车的一些信息。"长城汽车发展壮大的过程是非常迅速的，尤其在汽车工业领域，长城的技术和产品质量都非常好。其实我从那时就期待有机会到长城汽车工作。"当然，他选择来中国还因为，他认为中国是一个非常大的国家。无论是文化，还是工业，以及未来发展前景等方面，他都有着比较好、比较高的期待。他说中国文化和欧洲文化有很大不同，希望能体验一下中国文化。"这对于我来说是一个难得的机会，因为这不仅让我得以体验在中国的生活，还可以了解中国文化。我决定加入长城（曼德）是因为我看到了公司的前景，也看到了公司发展的决心。我了解到公司希望在汽车工业领域和市场扩展业务，成为中国的线束领导者，这给了我决定来这里很大的底气。总之，我抓住了在长城这家在汽车领域具有巨大成长潜力的公司工作的机会，同时这也是一个个人发展和职业完善的机会。"我们已经看到，他的这份底气正在开出花、结出果。

在与席尔维对话之前，曼德公司人力资源部部长赵洋做了公司介绍。他说，曼德公司成立于 1998 年，是长城旗下的全资子公司，分为电气系统、光电系统、热系统、智行 4 个业务单元，全球拥有 24 个销售及研发中心、28 个生产基地，2022 年销售额达 80 亿元人民币。公司致力于为客户提供时尚、智慧、绿色、安全的汽车零部件系统解决方案。

席尔维主要负责电气系统分公司的线束设计工作。曼德电气系统分公司隶属于曼德电子电器有限公司，成立于 1998 年，是一家专业研发制造汽车全车高低压线束的公司，拥有保定、上海两大研发中心，在中国天津、重庆及泰国等多地设有生产基地，以及在欧洲设有办事处，公司现有员工 7000 余人，包含 700 余名研发人员，年产整车线束 200 万套，每年销售收入超 30 亿元人民币。公司具备高低压线束总成设计研发能力，拥有完善的开发体系、严谨的开发流程、一流的研发团队、专业的设计软件，先后被评为保定市汽车线束工程技术研究中心、河北省科技小巨人企业、国家级高新技术企业。

席尔维说，他来之前对曼德公司也是有一些了解的，作为一家创新型汽车零部件企业，其主要客户有宝马、光束、长城、比亚迪、奇瑞、博世、伟巴斯特、奥托立夫等国内外知名企业。在来到曼德公司之前，他已经有 15 年的工作经验，主要做线束设计方面的工程师。当然，他在罗马尼亚、德国、法国、匈牙利等国家工作的时候，还有配电系统开发、设备工艺开发等行业的工作经验，而且都是在汽车行业的知名公司。

在这里的每一天都是崭新的体验

如果说，在疫情期间席尔维毅然来中国真的是因为已久的"慕名"，那后来的事实证明了他的选择确实"值得"。

2023 年 4 月初，在河北省科技厅一级调研员常文莉的陪同下，我来到保定市徐水区采访了席尔维。这不是我第一次到保定，但是第一次到长城汽车，而且直接走进徐水分公司。到达后，我们首先坐着电瓶车参观了冲压、焊装、总装、涂装等车间。

坐在电瓶车上参观，确实感受不一样，像欣赏景观一样。宽敞的车间里满是整齐高大的设备，人在这些设备面前显得非常渺小和孤独。除了大设备，还有行动自如的机器人，它们让设备显得不那么冰冷。带我们参观的工作人员介绍，像这样占地面积平均在 5000 平方米的车间只需要 20 个左右的技术工人，机器人承担了主要的工作。除了见到设备、机器人，我们还看到汽车的内部构造和它们是如何完成"变身"的。我当时感叹，每天我驾驶的汽车是由多少个零部件组成的、是经过多少道工序完成的、是凝结着多少科研人员和技术工人的汗水的结果。我看到组装汽车的技术人员都很年轻，便好奇地与工作人员交流。她说，这些技术人员都是在校学生，是来实习的。公司与很多学校都签有合同，为在校生提供实习机会，这是公司与学校共同培养人才，从而实现"双赢"。

显然，作为设计工程师的席尔维不是在车间工作，他是这些机器人、汽车零部件的"幕后"，主要从事线束设计。"线束设计"这个词语，我是第一次听说。我请赵洋先生给我讲解了一下，于是他发我一篇"线束世界"微信公众号发布的文章。该文作者王海秋在《汽车线束设计及可靠性研究》中指出，汽车线束是汽车电路的主体构成部分，若干线束组成了庞大的汽车线束。通俗讲，线束就是将有绝缘外覆层的电线和连接器压接后连接成电路，再将若干条电路进行捆扎之后形成的全体组件。线束的应用不仅仅在汽车方面，家用电器、计算机、通信设备等方面也都有应用。

席尔维认为，一般情况下汽车线束设计的首要原则就是保障安全性。第一步，设计汽车电路图；第二步，根据电路设计图完成汽车线路的铺设；第三步，合理地分布线束位置；第四步，通电测试，根据测试结果完成总体的汽车线束设计。随着汽车行业的不断发展、科技的不断进步，汽车线束设计的安全性和可靠性也大幅度提高，但还是存在一些问题，例如材料问题、总体设计问题。通过这些介绍，我们知道了汽车线束的设计及其可靠性关乎汽车整体的安全性和可靠性，而保证汽车的总体安全性和可靠性也就保障了使用人员的生命安全。

谈到在曼德公司的工作，他说："我非常喜欢这里，公司在弘扬中国文化方面让我记忆犹新。这里的每个人都很伟大，他们每天都向我展示正向、积极的态度，我有一个很棒的团队，他们都很年轻，辛勤工作、潜力无限。在中国节日期间，公司组织了丰富多彩的活动，我从中了解了很多中国文化，也让我爱上了这个国家和它的文化。"谈到对长城汽车乃至中国汽车业发展及中国的制造业发展的建议，他认为，对于一家企业来说，最重要的就是原创性、创新性、持续性和团队合作。"我在这里的每一天都是崭新的体验，我期望和我的公司共同成长，并在这里生活。我也期待能到更多的地方旅行，发现这个国家更多的美，探索博大精深的中国文化。"

与河北省科技厅、保定市科技局等相关人员参观席尔维工作的曼德公司

整个采访过程由王超老师翻译。后来我请王老师谈谈对席尔维的印象，他这样说："我们的专家席尔维给我的第一印象是一个沉着稳重、经验丰富的工程师。在相处久了之后，发现他对工作中遇到的大大小小的问题都应对自如。因为他担任专家及主管工程师的职务，公司各部门的同事都会找他寻求工程解决方案。他给出的观点常常会让人茅塞顿开，让大家知道什么是重点，什么地方不必纠结，甚至可以忽略。他让大家知道客户，尤其是重要的国际大客户，其真正需要的是什么、关注的重点是什么。这样，我们的工作做起来就顺利很多，很多担忧会因为他的支持而烟消云散。在生活方面，他正在以极快的速度成为一个'中国通'，尤其是在美食和美景方面。

他已经吃遍了保定大大小小好吃的餐厅，很清楚哪一家餐厅是什么特色、什么口味。对于中国值得去看的地方，他都会利用假期去看一看，顺便品尝当地美食，拍摄绝美旅途照片。他还是一个乐于助人的人，很绅士。他跟同事的相处也非常融洽，周末我们会一起出去吃饭、喝咖啡、郊游。他是公司的宝贵财富。"

从"隔离餐"开始，爱上中国

席尔维工作和生活时间最长的城市是德国的斯图加特，它是德国第六大城市，以高科技企业而闻名，是保时捷、罗伯特·博世等公司的总部所在地。离开这样一个大城市来到河北保定，而且在新冠疫情期间，到底是什么样的经历呢？

据说，当时席尔维来中国时的隔离政策是 7+7，我问对这个防疫政策他怎么看。不知道是不是隔离条件太好、隔离餐太好吃的缘故，席尔维说："这是正常的事，是生活的一部分，每个人都应该接受。"他还说，在疫情政策调整后，在中国生活比在欧洲好很多。中国的食物非常丰富、美味、健康。以前在欧洲吃过中餐，但是来到中国后，发现那些中餐不是很地道。听到这里，我笑了。我们总是说，出国吃不惯西餐就吃中餐，后来会发现那些在西方土地上烹饪出来的中餐似乎不能叫中餐了。我问席尔维是在哪、从哪顿饭开始喜欢上中餐的，他说是在成都隔离的时候，"隔离餐太好吃了"。他还拿出手机，找到一张四川峨眉山脚下一家餐馆里的面食照片给我看，他不知道这道美食叫什么，我们看后断定是重庆小面。他说，他所在社区的楼下和易水湖旁边都有一家饭店，也非常好吃，只是名字叫不上来。

我又问他对中国的印象，是不是和传说中的不一样？他说："我来中国之前已经了解了很多关于中国的知识，也做了一些研究。但是，百闻不如一见。无论我身处保定，还是游历中国，中国文化、中国人的善意和友谊都给我留下了深刻印象。要说差异，那就是这里的生活比我想象得还要便利，中国人也比我想象得更友爱、更幽默。总之，依据我的所见所闻判断，这儿就是我喜欢的地方。"

席尔维和学生们交流英语学习

我想，席尔维两年多的这种感觉，一定不仅因为美食。坐在旁边的保定市科技局外专处处长赵元明介绍，在河北省科技厅的支持和指导下，保定市科技局始终聚焦"医、车、电、数、游"五大重点领域，着眼强链、延链、补链、建链，完善产业链条的创新需求，持续宣讲国家和省、市引才引智政策及项目申报。积极做好外国专家服务，创造温馨工作环境。目前保定科技局已办理外国专家许可证业务293人次，长城汽车现有外国专家131人，分别来自日本、德国等7个国家。每年春节期间，科技局都会看望慰问长城汽车及保定相关企业的外籍专家代表，为专家送去温馨祝福和慰问品。

在中国工作的外国专家或者外籍人才，遇到最多的问题是生活中的问题，比如子女教育、医疗、养老等。子女教育和养老对席尔维来说，是未来的事情。但是，医疗也许他会经常需要。他说，在中国看过两次病，一次是口腔科，一次是皮肤科。目前他住在长城家园，遇到这些问题都会得到很多帮助，因此不会担心。他说："看口腔科的时候，虽然医生不会英语，但是往诊椅上一坐，张开口就行了。疼的时候举手，还可以用手机上的翻译软件。不过我也正在学习简单的汉语。医生都夸我是一个有耐心的病人。"相信通晓罗马尼亚语、德语、英语、法语、意大利语、西班牙语的席尔维学习汉语也是很快的。虽然语言不通，但是他和同事之间的关系不会受语言和文化的影响。他说，拿中国人和他交往较多的德国人相比，两者的社交方式非常不同。中国人更加严肃，工作期间很少闲谈。虽然休息时间也不短，但是由于生产车间就在办公室后面，所以时不时地就会去车间走走看看。中国人的工作节奏快，性格也更随和。

283

专注工作的席尔维

特别是来到中国后，并没有感到被区别对待。不论你来自哪个国家，人们都对你都是那么友善和亲切。

中国同罗马尼亚自 1949 年 10 月 5 日建交以来，始终保持友好合作关系。1971 年 10 月，在第 26 届联合国大会上，罗马尼亚作为联合提案国，投票赞成关于恢复中华人民共和国在联合国一切合法权利的决议。2015 年 9 月，习近平主席在出席联合国成立 70 周年系列峰会期间会见罗马尼亚总统约翰尼斯。2021 年 2 月，罗马尼亚高级别代表以视频方式出席习近平主席主持的中国—中东欧国家领导人峰会。无论在经贸关系，还是文化、科技、教育、卫生等领域，双

外国专家的中国情缘

方的交流与合作都非常密切，两国政府建有科技合作委员会等机制。2019 年 5 月，中罗农业科技园在罗落成；8 月，罗马尼亚作为主宾国参加北京国际图书博览会；12 月，中罗中医药中心在罗马尼亚揭牌。2020 年，中方为罗方在华商业采购新冠肺炎防疫物资提供便利，多个地方省市、企业向罗方捐赠防疫物资，两国医疗专家开展视频交流。

令我意外的是，只有 36 岁的席尔维却喜欢 20 世纪 90 年代的中国歌曲。这说明中国文化在罗马尼亚的广泛传播。席尔维来自罗马尼亚的比斯特里察，这是一座历史悠久的小镇。他来中国工作，父母是比较担心的，因为他们对家乡以外的世界了解得很少。虽然他从 2011 年开始就外出工作，已经习惯了在外的生活，但是中国离家乡太远了。他很想带父母到中国看看，但是母亲坐不了飞机，他计划让姐妹、外甥和外甥女来中国看看。平时经常与父母通过微信和 WhatsApp 通信软件联系，每天都会和姐妹们打电话。

尽管离亲人如此遥远，席尔维仍然希望继续在曼德公司工作，不断开发扩展自身职业能力，与同事同舟共济、共同发展。他正在和一个中国姑娘谈恋爱。"疫情期间，我在一个交友 App 上认识了我的女朋友。6 个月后，我们见面。她是成都人，现在上海工作。虽然我们在两个地方，但是可以经常视频聊天，公司在上海、泰州等地都有业务。所以，距离不是问题。"席尔维热爱旅行，已经去过中国的很多地方，比如北京、上海、杭州、成都、重庆等大城市，也游玩过保定周边的山山水水，像白石山、易水湖。"我是大自然的一名粉丝，她真的太美了。"他说，在中国出行非常方便，生活成本也比较低。他最喜欢的城市是成都和重庆。"这两个地方的食物口味香辣，层次丰富，真的让我欲罢不能。四川火锅和重庆小面绝对是最棒的。" 他说，无论去哪里，都会被当地文化深深折服，会爱上那里的人、有特色的建筑和美食，他还喜欢中国茶。他说，中国一定是此生必去的地方，必须亲身经历至少一次的地方。

"我热爱我的工作，他给我带来了满足感和成就感。我还将继续把我的工作热情奉献在这里。我最大的成就是在多年的辛勤努力之后，得以为我的很多同事提供培训，启迪其智慧，提升其技能，使其达成既定目标。

野外徒步的席尔维

"我也是一名徒步爱好者，热爱探索世界，热爱被每一个地方的文化震撼的感受，也热爱用双脚去丈量这个世界的酣畅。从欧洲到亚洲，从比斯特里察到保定，从德古拉城堡到白石山公园，从白菜卷到保定罩饼，对我来说它们虽然有着不一样的风味，却都是家的味道。这里对于我来说不仅是我心中最美的地方之一，也是我的第二个故乡。"

这是王超老师转给我的席尔维的介绍。他的介绍中满是对生活的感受和热爱。正如，我问他到中国两年来最开心的事情是什么时，他这样回答：最开心的是登上四川峨眉山山顶，看到日出和佛像，那一刻的世界是空的。"我闭上眼睛，思考人生，感到从未有过的和平。"

看得出来，席尔维已经深深地爱上了中国。如今，他已经在中国找到情感中的另一半，找到事业发展的重要平台，找到内心从未有过的和平，人生中还有什么事情比这些更重要呢？

就在我开始撰写这篇后记的时候，传来一个噩耗：中华人民共和国"友谊勋章"获得者伊莎白·柯鲁克女士于 2023 年 8 月 20 日 0 时 59 分在北京逝世，享年 108 岁。

伊莎白·柯鲁克出生于中国四川成都，抗战初期在四川投入乡村建设运动，解放战争期间来到晋冀鲁豫解放区观察记录土地改革过程并应中国共产党邀请来到南海山外事学校（即北京外国语大学前身之一）任教。她作为研究人类学和社会学的学者撰写的《十里店——中国一个村庄的革命》《兴隆场》等著作，忠实记录了中国革命与建设，并始终以自己的方式向西方、向世界介绍中国；一生关注中国农村发展，教书育人、桃李芬芳，为新中国英语教育事业付出了全部心血与智慧。她的遗愿是丧事从简，遗体捐赠医学研究，不举行告别仪式。她用一生爱中国、奉献中国，身后依然不忘给予世人温暖，这份清澈与圣洁体现了伊莎白·柯鲁克崇高的国际主义精神。

从 2017 年至今，在从事外国专家工作 6 年多的时间里，我有幸结识了像伊莎白·柯鲁克一样的许许多多的外国专家。他们不远万里来到中国，或许为了揭开源远流长的中国文化的迷人面纱，或许为了探究中国经济快速发展的独特奥秘；或许为了体会平安中国、健康中国、美丽中国的幸福感，或许为了获得参与中国式现代化新征程的价值感；亦或许因为一座城市、一处风景、一种美食、一份爱情，他们来到中国、留在中国。在我认识的外国专家或者外国朋友中，有像伊莎白·柯鲁克这样的"外国老专家"，也有像哈莱一样的中年专家，还有"专二代"及三代、四代、五代甚至六代，还有他们的中国家人。

不管他们来中国学习、工作的目的是什么，但是最初认识中国大都通过文字、图书等。比如，伊莎白·柯鲁克的父亲来到中国就是因为读了埃德加·斯诺的《红星照耀中国》；比如，中国政府友谊奖获得者、福州大学土木工程国际化示范学院首位外籍院长、意大利专家布鲁诺·布里斯杰拉（Bruno Briseghella），是从儿子的课本中读到专门介绍中国历史的部分；已故秘鲁作家、新华社记者安东尼奥·费尔南德斯·阿尔塞（Antonio Fernandez Arce）小时候以卖报纸为生，报纸成为他了解中国的红军长征、毛泽东思想、中国各个朝代历史等的唯一渠道，逐渐建立了他对中国的认识和对中国的热爱。正是因为这种发现，我产生了要以书为媒更紧密地联系外国专家、国际友人的想法。从 2018 年下半年至今，在中宣部对外推广局支持下，我所在单位已经在全国各地多个机构，比如书店、图书馆、科技园区、大中专院校、医院等建设了 120 余家外国专家书屋，并在书屋里举办了各种各样的读书分享活动、讲座沙龙。书屋已经成为外国专家阅读外文版书籍，了解中国历史、文化、政治、经济及治国方略的空间，还成为他们之间沟通思想、交流情感的港湾。

就在昨天，我得知著名的《拉贝日记》作者、国际友人约翰·拉贝的孙子托马斯·拉贝先生即将来中国。我上次见他是在 2018 年国庆节期间。转眼已过 5 年，这 5 年像 50 年一样漫长。因为这 5 年中有 3 年多，人们在抗击新冠病毒，我们都过着心惊胆战、阳了又阳的日子。听阮祥燕教授说，托马斯·拉贝先生已经阳过几次，身体大不如从前，所以这次能来中国非常不容易。我听了这话，难过了好几天。所以，我认为中国抗疫的最大成功，就是我们晚阳 3 年、少阳很多次，而这是多么重要的事情。关于托马斯·拉贝，我想说，他也是外国专家中的一位典型代表。他不长期在华，但是作为首都医科大学附属北京妇产医院引进的专家，以各种方式参与中国妇产科发展。我认为，他和伊莎白·柯鲁克一样，对中国的热爱是缘自基因的。2014 年习近平主席在德国科尔伯基金会演讲中深情地说"此时此刻，我不由得想起了一位中国人民爱戴的德国友人，他就是拉贝"。但是，现在还有多少民众知道拉贝及其与中国的故事呢？因此，在 2022 年中德建交 50 周年、约翰·拉贝先生诞辰 140 周年、南京大屠杀惨案 85 周年之际，在约翰·拉贝北京交流中心举办的"约翰·拉贝事迹与人类命运共同体建设"学术研讨会上，我呼吁：我们要以大历史观充分地认识拉贝们在中国近现代史上的重要意义，要不断地挖掘、梳理、总结、提炼他们的历史故事，加强关于他们历史故事的研究和出版；我们要站在新的历史起点上认识拉贝们的时代意义，将他们的精神与新时代精神结合起来学习和宣传，与中国共产党的新时代主张结合起来理解和把握，社会各界应共同努力通过各种方式纪念他们、传播他们；我们要认识到拉贝们的故事是中国故事的一部分。

后记

最近几年，依托《专家工作通讯》《国际人才交流》杂志，我们团队策划了不少外国专家的中国故事图书，比如《外国专家中国梦》《亲历中国四十年》《口述中国》《与中国同行》《亲历中国科技发展历程》等系列图书先后在国内外出版，以及伊莎白·柯鲁克自传《她用一生爱中国》《我们为信仰而来：寒春、阳早的故事》及正在组织出版的《拉贝与中国》，这些作品都是很好的外宣图书。但是，这样的图书还是太少了。2022年，在科技部领导的支持下，我们梳理了老一辈无产阶级革命家与外国专家（国际友人）的故事，感触很多。那些躺在历史档案里的文字，如果不被我们阅读、研究，它们只能叫文本不叫历史，是没有生命的。

讲好中国故事、传播好中国声音，向世界展现可信、可爱、可敬的中国形象，是我们的重要使命。像伊莎白·柯鲁克、托马斯·拉贝，以及很多外国专家的故事，是中国故事的一部分，他们作为民间友好的使者，也是讲好中国故事的一支重要力量。这就是我写下他们的故事并告诉大家的原因。

在本书即将付梓之际，我要十分诚挚地感谢书中写到的所有外国专家及其家人，感谢科技部国外人才研究中心的领导和同事们，感谢电子工业出版社，感谢郭卫民先生作序，感谢李萌先生、郝振省先生、彭学明先生、王利明先生倾情推荐；感谢倪天勇先生为书中的外国专家拍摄的大量照片；感谢侯兵、孙博、丁坤善、陈志峰、卫一帆、李忠林等朋友的帮助。本书收录的文章于2018—2023年采访，并按照时间排序，大部分文章已在《国际人才交流》杂志上刊登，得到了广大读者的关注和好评，在此对读者朋友们的厚爱表示衷心感谢。

每一部书稿的诞生，都凝结着无数晨曦与黄昏、无数黎明与黑夜、无数悲伤与欣喜、无数寂寥与沸腾，无数来自我的父母、女儿、先生和姐妹们，以及其他家人的支持与鼓励，这一部也一样也不一样——我在写他们的故事，也在写我的故事、我们的故事——我们早已跨越国家、民族、种族、语言等隔阂，在人类命运共同体的巨轮上，挂云帆、济沧海，一起驶向更美好的未来。

徐庆群

2023 年 8 月 25 日于北京市海淀区北蜂窝中路 3 号

后记